素顔の雅子さま

11人が語る知られざるエピソード

つげのり子
山下晋司＝監修

河出書房新社

素顔の雅子さま　11人が語る知られざるエピソード　＊　目次

カバー写真提供＝読売新聞社
化粧扉写真提供＝産経新聞社
取材協力＝有限会社ビッグネット

素顔の雅子さま

11人が語る知られざるエピソード

まえがき

令和の時代が幕を開け、初の国賓としてアメリカのトランプ大統領夫妻が来日した時、雅子さまが通訳を介さず会話をされている姿に、日本中が釘づけになりました。ＳＮＳでは若い世代が「通訳なしの雅子さま、憧れる」「皇后さま、カッコイイ」と次々に書き込み、「通訳なし」の言葉がツイッターのトレンドワードに急上昇したほどでした。

フランスのマクロン大統領夫妻が来日した時も、雅子さまはほとんど通訳を使わず、直接フランス語で会話され、海外メディアもその語学力を絶賛。グローバル化が進んでいく現代において、理想の皇后像にぴったり合致していると感じたのは、きっと私だけではないでしょう。

私は中学生の頃から、将来は海外で仕事をしたいと漠然と憧れ、英会話レッスンに通い、短期の海外ホームステイにもチャレンジしてみました。

そんな夢のよき理解者だったのは、母方の祖母で、大学生の時にはニューヨークに連れて行ってくれました。その時、本当に単純な日常会話程度の英語を話したところ、祖母は驚いて、こう言ったのです。

「のりちゃんはすごいな、英語がペラペラなんやな。これやったら、将来アメリカで働くようになるん違うんか?」

祖母は感心していましたが、私はなんだか騙したような気持ちになり、生返事をしていたように思います。結局、海外へ出て何かを成し遂げたいという目的意識もなかったせいか、その夢は実現しませんでした。

一方、雅子さまは、海外の要人と自在にコミュニケーションを図られ、堂々たる対応を見せていました。そのお姿をテレビで拝見した際、私には雅子さまに後光が差しているように見えたのです。それだけ輝きに満ちあふれていた印象を抱きました。

おこがましいかもしれませんが、その時、私は悟りました。

雅子さまは、十代の頃からグローバルに活躍したいと考え、努力と研鑽を怠りませんでした。私は、雅子さまほど真剣に努力しただろうか。高い意志を持っていただろうか。すべてがノーでした。そう思うとますます雅子さまに興味を引かれ、「素顔」以上の

「実像」にできるだけせまりたいと取材を始めました。

そもそも私はテレビの皇室番組に十九年間、放送作家として携わってきましたが、平成までは現在の上皇ご夫妻を中心に番組を作ってきたため、両陛下についてはまだこれからという段階でした。

令和になってからは、皇后となられた雅子さまに注目が集まっていますが、実は意外なほどに、一人の女性としてどのような方であり、何を大切にして生きてこられたのか、知られていないように思います。


今回、交流があった方々に取材を進めるにつれ、雅子さまの実像の一端に触れる機会が多々ありました。そのいずれの方も共通して話されていたのは、「誰かを押しのけて前に出る方ではない」「とても謙虚で控え目」「真面目すぎるほど真面目」と、おしとやかな女性らしい側面が見えてきたのです。

私には、それがとても意外でした。ハーバード大学から東京大学を経て、難関の外交官試験にもパスされたバリバリのキャリアウーマンですから、男性顔負けのバイタリティやリーダーシップをお持ちの方なのだろうと勝手に思っていたからです。

また、十六年にわたる療養の日々をどのようにお過ごしになっていたのか、雅子さまにお会いした人たちのお話から、当時のご様子が浮かび上がってきました。国民の前にお出ましになる機会が少なくなっていた期間、雅子さまを支えられたのは、天皇陛下と愛子さまとのご家族で過ごされた時間だったのです。

本書では、天皇ご一家の愛情に包まれたご様子なども、初めて語られるエピソードとして紹介しています。

取材させていただいた十一人の中に、医師が三人います。それぞれに異なるテーマで話を聞きたいと取材のアポイントメントを取ったところ、偶然にも医師という職業の方が多くなりました。病と闘う子どもたち、被災地での救護活動、自らのご出産……。雅子さまが常に目を向けられている、命の大切さが伝わってきました。

令和の時代はまだ始まったばかりですが、本書を通して、令和の皇后・雅子さまの魅力をより深く知っていただき、皇室の新たな時代の息吹を感じ取ってもらえれば幸いです。

青空に刻んだ初優勝

——伊藤修文（田園調布雙葉学園中学高等学校 元教諭）

伊藤修文（いとう　しゅうぶん）
昭和二十三年、岩手県生まれ。慶應義塾大学大学院を修了後、田園調布雙葉学園中学高等学校で教諭となり、担当は古文。雅子さまが所属されていたソフトボール部で顧問を務め、世田谷区大会で優勝に導いた。平成二十一年に定年退職。現在もソフトボール部のＯＧ会などで雅子さまとお会いし、交流が続いている。

東京大田区の田園調布駅から、バスに乗って十分弱。「雙葉《ふたば》学園前」と書かれた環状八号線沿いの停留所を降り、住宅街へ続く坂道を下ると、そこに静けさをたたえた白い校舎が見えてきます。それが都内屈指の名門女子校として知られる、「田園調布雙葉学園」です。

すぐ近くには附属幼稚園、小学校、中学高等学校がコンパクトに配置され、学園全体で一貫した教育を行っています。卒業生には、各界で活躍している著名人の方が大勢います。

中学高等学校の合同校舎の門をくぐると、爽やかな風が吹き抜けるロビーに、威風堂々とした深紅の優勝旗が置かれていました。近寄って見ると「ソフトボール世田谷区夏季総合体育大会優勝旗」の文字が。歴代の優勝校が書かれたリボンの束の中で、一番新しいものには、「平成三十年度　田園調布雙葉中学校」と記されています。実は「田園調布雙葉学園」のソフトボール部は、世田谷区の強豪校として知る人ぞ知る存在なのです。

このソフトボール部を創設したのが、中学時代の雅子さまをはじめとするクラスメイトの有志でした。当時、そんな雅子さまたちに協力した一人の若き青年教師がいました。

それが雅子さまの恩師・伊藤修文先生です。すでに定年退職されましたが、学園のご厚意から校舎内でお会いすることができました。ご挨拶もそこそこに、早速、雅子さまたちがなぜソフトボール部を創りたいとおっしゃったのか、その経緯について伺いました。

「あれは雅子さまが中学一年生の時でした。クラスメイト何人かで、私のもとに野球がやりたいと言ってきたのです。当時、私は昼休みに生徒たちとよくキャッチボールをしていましたから、『野球が得意な先生』というイメージだったと思います。グラウンドの端から投げたボールが向かい側の端まで届き、生徒たちをビックリさせていたものです。クラス担任ではなかったのですが、そうした光景を見ていたので、私のところに来たのでしょう」

雅子さまが中学一年生と言えば、昭和五十一年。その頃の伊藤先生はまだ二十代後半と若く、生徒たちとともに何事にも一生懸命取り組んでいました。当時、田園調布雙葉学園では、バスケットボール部が東京都大会でベスト四に入り、関東大会に二年連続で出場するなど、スポーツクラブの活躍で運動好きの生徒たちの間に「スポーツを頑張りたい」という熱気が満ちていたと言います。

しかし、伊藤先生は高校の古文が担当です。野球が得意な先生として知られていましたが、中学生の雅子さまたちとは、それほど接点がありませんでした。ところが、雅子さまたちは教員室にいる伊藤先生のもとを訪れ、「野球がやりたいんです」と熱心に頼んで、新しいクラブの創設を訴えてきたとか。

最初は、女の子が野球をして怪我でもしてはいけないからと、伊藤先生は優しく諭すように断り続けていました。それでも雅子さまたちの熱意は変わらず、廊下を伊藤先生が歩いていると、走り寄って懇願してきたり、毎日のように教員室を訪れ、野球部の創設にどんな手続きが必要なのかを聞いてきたりしていたそうです。

「それはもう熱心に『野球がやりたいんです』と言っていましたね。私もとうとう根負けし、高校にソフトボール同好会があったので、野球部は難しいがソフトボール部ならと、約束してしまいました。それから教員会議にはかり、父兄へ説明したりと、かなり時間を取られましたが、雅子さまたちの熱心な思いに応えたい気持ちが強かったのです」

一年がかりで伊藤先生を説得し、ようやくソフトボール部の創設にこぎつけた時、雅子さまは中学二年生になられていました。それにしてもなぜ雅子さまたちは、当初「野球部」にこだわっていらっしゃったのでしょうか？　その理由を伊藤先生は明快に答えてくれました。

「当時、多摩川の河川敷に読売ジャイアンツの練習場があり、学園からも歩いていける距離でした。雅子さまとご学友たちは、よく休日に足を運んで見学されていたそうです。日本一の人気プロ野球選手たちを、直接見る機会が多かったことから、彼女たちも野球が好きになり、自分たちもやってみたくなったようでした」

当時のジャイアンツは長嶋茂雄選手が引退した後で、凄まじい練習を繰り広げていた時代でした。雅子さまは、走攻守三拍子揃った名プレーヤー、高田繁選手のファンだったそうです。王、長嶋という大スターではなく、どちらかというと通好みの、いぶし銀の活躍が持ち味だった高田選手に注目しているところが、いかにも雅子さまらしいと感じます。

雅子さまたちの野球への憧れからスタートしたソフトボール部でしたが、実はないない尽くしの出発でした。新しいクラブのため予算が少なく、道具なども全部、自前で揃えなければなりません。月五百円の部費を集めてバット三本を購入し、グローブはそれぞれ自分で買い、ベースは体育の授業で使用しているものを活用しました。しかし、最も深刻だったのは、皆、ソフトボールの経験が浅く、しかも週三回から四回の練習日は、遊びの延長で行っているような雰囲気で、なかなか技術的に上達しないことでした。

「このままでは、ただのお遊びクラブに終わってしまう」と、上手くなれないことに危機感を覚えた伊藤先生は、雅子さまが中学二年生の冬、近くにある調布学園（現・田園調布学園）に電話して、練習試合を申し込みました。すると、「ソフトボール部は中学校になく、高等学校にしかないのでそれでもいいですか」と聞かれ、伊藤先生は迷うことなく快諾しました。相手は高校生、その上都内でも有数の強豪校と評判の高いチームでしたが、何はともあれ経験を積むことが肝心と、試合に臨んだのです。

雅子さまの打順は三番。ポジションはサード。もちろんチームの主力として、レギュラーの一角をしめていました。伊藤先生によると、雅子さまは運動神経がよく、チームのために自分が何をすればいいのか、責任感と献身の気持ちが強い生徒であったとか。しかも、強烈な打球が飛んできても、逃げることなくキャッチできることから、サードに抜擢したと言います。打撃でもここぞという時の長打力は、チームのポイントゲッターとして期待されていました。

試合が始まって間もなくのことでした。ショッキングな出来事が起こります。相手チームが打ったボールがセカンドフライになり、余裕で捕れる球だったにもかかわらず、セカンドの天野有子さんが落とし、エラーをしてしまったのです。

その様子を見て、ボールそっちのけで、チームの皆に笑いが起こりました。その間に相手チームのランナーがどんどん走って、塁を進めて行くではありませんか。伊藤先生はベンチから大声を出します。

「何やっているんだ、早くボールを拾え！　へたり込んでいる場合じゃないぞ、試合は進んでいるんだ」

それを聞いて、メンバー全員がハッとした表情になりました。

「そうだ、今は試合中だった！」「ボール、ボールを追いかけなきゃ！」

外野へ転々と転がったボールを慌てて拾い、サードの雅子さまへ返球。無事キャッチしたものの、大量得点される結果を招いたのです。予想はしていたものの、やはり試合は大差で負けてしまいました。しかし、チーム全員は戦意喪失するどころか最後まで一生懸命で、相手校の監督から「いやぁ、元気な生徒たちですね」と褒められたほどでした。そして、この初試合から大きな収穫も得ることになったのです。

「この時を機にチームの雰囲気ががらりと変わりました。それまでは子ども同士で遊ぶ感じでやっていましたが、試合は真剣勝負なのだと悟ったのだと思います。強くなるんだという思いが芽生え、レギュラーの子たちは試合の時に休んだら皆に迷惑をかけてしまうからと、どんなことがあっても試合に来るようになりました」

雅子さまもまた、敗戦の悔しさを胸に、以前にも増して熱心に練習をされるようになったとか。

「雅子さまは、意外かもしれませんが、負けず嫌いでいらっしゃるように思います。調布学園との試合で負けが決まった時、本当に悔しそうな表情でグラウンドを見つめていたのが思い出されます。きっと、この時、雅子さまの闘志に火がついたのかもしれませんね」

それ以後も、練習試合でことごとく負けてばかり。それでもメンバーたちはめげることなく、練習にまい進していました。しかし、チームが一朝一夕に強くなれるわけがありません。そんな時、誰言うともなく、ひとつの提案が持ち上がります。それは「私たちもユニフォームを作ろう」というものでした。

「学習院女子中学校と練習試合を行った時、私たちのチームは体育用のジャージでしたが、学習院はGというマークがついた格好いいユニフォームを着ており、羨ましそうに見ていましたね。中学生というと、お洒落が気になる年頃ですから、ユニフォームに関して話し合うミーティングを行いました。私もスポーツ用品店から取り寄せたカタログを準備していました。しかし……」

話し合う前は、チームの誰もがユニフォームを作ることに大賛成だったにもかかわらず、チームメイトの一人がこんなことを話し出したのです。

「試合で勝てないチームが、ユニフォームを作ってもしょうがないんじゃない？」

まさに厳しい直言。チームの誰もが、その一言に反論できませんでした。

「実力が伴っていないのに、スタイルばかり気にしているのは確かに変」

「まずは一勝してから、ユニフォームを作りましょう！」

ソフトボールを通じて、気持ちをひとつにしていたチーム全員が、「初勝利」のために改めて強く結束した瞬間でした。当時、プロ野球では「赤ヘル軍団」と呼ばれた広島が初優勝を遂げたこともあって、田園調布雙葉学園の頭文字「ＦＢ」のマークをつけた、赤ヘルならぬ赤い帽子だけはメンバー全員で揃えたのです。

弱小チームのまま、雅子さまたちは中学三年生の夏を迎え、世田谷区大会に出場することになりました。創設時にソフトボール部は中学校のみと決まっていたので、これが最後の公式戦です。伊藤先生が、対戦校を決めるため抽せんに行ったところ、なんと一回戦で当たることになったのは、常勝チームのM中学校。剛腕ピッチャーがおり、試合前から優勝候補と言われていたほどの強豪校でした。

その時、伊藤先生は「ああ、うちのチームは一勝もしないで卒業してしまうのか……」と、何とも言われぬ無力感に襲われたとか。

ところが、予想もしなかったまさかの展開が待っていました。一回戦の試合は、やはり相手校のエースが繰り出す剛速球に、雅子さまたちは手も足も出ず、凡退を繰り返していました。一方、M中学校はコンスタントに点を積み重ね、三回の裏が終わった段階で、「六対〇」のワンサイドゲームになったのです。

七点差がつけば、その時点で田園調布雙葉はコールド負けを喫してしまいます。ところが、M中学校は勝ったも同然と思ったのか、突然、ピッチャーを交代。二番手ピッチャーが出てきたのですが、エースとはレベルが段違いだったのか、なんと田園調布雙葉がヒットを重ね始めたのです。

さらに、空模様が急変してゴロゴロと雷が鳴り響き、大雨が降り出しました。これほど天候が急変すれば、今の時代ならすぐに試合を中止するものですが、当時は大らかで審判も動じずに試合を続行。打線の爆発でコールドゲームどころか、逆転の可能性も見えてきました。

すると、相手チームは再びエースを登板させたのですが、雨のためにボールが滑って威力は半減。しかも全くストライクが入らず、フォアボールを連発し、押し出しで加点することに成功。

一方、田園調布雙葉のピッチャーは、以前、練習試合で「ボールに蠅が止まる」と揶揄されたほどのスローボールでしたので、雨が降っても関係なくストライクを決め続けました。そして試合終盤、ついに逆転したのです。

「最後は、相手チームが打ったボールがピッチャーゴロになりました。セカンドランナーをフォースアウトにしようと、サードの雅子さまにボールを投げました。そのウィニングボールを、雨の中で雅子さまが見事に受け取られたのです。そこでゲームセットとなり、まるで桶狭間の合戦のような大逆転で、奇跡の勝利でした」

一時はコールドゲームで負けを覚悟したにもかかわらず、最終的には四点差での勝利。ソフトボール部の創設から二年目にしての劇的な初勝利でした。

この勝利で勢いに乗った田園調布雙葉は、続く二回戦のK中学校も撃破。下馬評ではまったくのノーマークだったチームが、ついに決勝戦に進出したのです。この結果に、伊藤先生はもちろん、多くの関係者が驚きました。

決勝戦の相手は、練習試合で一度も勝ったことのない、やはり優勝候補の一角だったS中学校。決勝の相手が意外なチームだったことから、S中学校が慎重になりすぎたためか、それとも波に乗る田園調布雙葉に勝利の流れがきていたのか、なんと決勝戦はつけ入る隙を与えず、優勝の栄冠を勝ち取ったのでした。伝統もなく、練習環境も万全ではないチームが、あれよあれよという間に、強豪校ひしめく世田谷区大会を制してしまったのです。

本書の次の項に登場するチームメイトの天野有子さんは、ソフトボールを通して感じた雅子さまの人間性について、こう話します。

「雅子さまは努力しないで大会に臨むというのは、嫌だったのだと思います。日頃から練習熱心で、秘めたるものを強くお持ちでした。自分がこうだと決めたことを、確実に実行していくことをご自分の中で考えていらっしゃったのだと思います」

練習もして、勉強もする。言葉には出さないものの、常にベストを尽くすことを実践していらっしゃった女性でした。伊藤先生も当時の雅子さまを、こんな風に見守っていました。

昭和53年、田園調布雙葉学園中学校ソフトボール部が世田谷区大会で優勝。
前列左端が伊藤先生、カップをお持ちなのが雅子さま。

「雅子さまは先頭に立って声を出したり、皆を引っ張るタイプではありませんでしたが、人格的に周りから認められており、雅子さまが真剣にやっていると、皆がついていきました。雅子さまの行動を見て皆が影響される、精神的な支柱だったと思います」

雅子さまのことで伊藤先生が印象深く記憶しているのは、中学三年生の秋に、ソフトボール部のメンバーたちと男性教師チームで親睦試合を行った時のことです。教師チームの一人がフルスイングで打ったライナー性のボールが、勢いよく雅子さまが守っていらっしゃるサードの方向に飛びました。とても強い打球だったので、もしや頭か顔に直撃したら怪我をするのでは……と、伊藤先生は一瞬ヒヤッとしましたが、雅子さまは一歩もひるまず、しっかりとそのボールをキャッチされたのです。

「女の子だったら、横に逃げてしまいそうな当たりでしたが、雅子さまは表情ひとつ変えず、淡々として悠然とピッチャーに球を返しました。そのあまりにも堂々としたプレイぶりに驚いたことを、今でも鮮明に覚えています。芯の強い子だなぁと感心しましたね」

陛下とご結婚後、伊藤先生は雅子さまのお誕生日である十二月九日に、御所内で開催されるお祝いの会に呼ばれるようになりました。その時、雅子さまとどんなお話をしたのか、いくつか教えてもらいました。

平成五年、雅子さまが初めて地方公務で訪問されたのは、岩手県でした。伊藤先生の故郷が岩手県だと覚えていた雅子さまは、こうおっしゃったそうです。

「先生、この前、岩手県に行ってきました。私にも岩手県人の血が流れていますので……」

雅子さまの母方の曾祖父は、戦前に海軍大将を務めた岩手県出身の山屋他人《やまやたにん》という方です。初めての地方公務だった岩手県は恩師の故郷であり、自らのルーツにも繋がる地。それを伝えられた、雅子さまの細やかなお心遣いが感じられます。

また、古文を教えている伊藤先生にぜひご紹介したいと、お祝いの会に百人ほど招かれた中から、雅子さまがある人の前まで連れて行ってくれたことがあります。それは、雅子さまのお妃教育で和歌の指導を行い、昭和天皇の代から宮内庁御用掛を務めていた歌人の岡野弘彦さんでした。雅子さまから「私の中学高校時代の恩師、伊藤修文先生です」と紹介され、伊藤先生は恐縮しながらも「どうぞよろしくお願いします」とご挨拶したと言います。

雅子さまのお誕生日をお祝いする会では、陛下も参加し、気さくに会話されることがよくあるとか。

平成十九年頃のこと。お祝いの会に途中で陛下も加わり、「いいですか？」とおっしゃって、伊藤先生のすぐ傍に座られました。雅子さまから伊藤先生が岩手県出身だと聞いているようで、陛下が話されたのは、岩手県を舞台にしたＮＨＫの連続テレビ小説の話題でした。

「ドラマのタイトル『どんど晴れ』とは、昔話の『どっと晴れ』のことですよね？」

と、予想外の質問をされて驚いたとか。

「私は、そのテレビドラマを見ていなかったので、ちゃんと答えることができず、曖昧な返事になってしまったと思います。しかし、こうしたお話から、陛下と雅子さまは日頃から何でも話し、コミュニケーションされているのだなと感じました」

さらに陛下から、雅子さまが昔の思い出を話されているエピソードも聞いたそうです。かつて伊藤先生が授業中に、「私は高倉健の親戚だ」と言っていた同僚教師のことを話題にしました。そのことを雅子さまが覚えており、陛下にもお話しされていたようなのです。

平成二十六年、高倉健さんが園遊会に招待されました。その折、陛下は高倉健さんにこう話されました。

「雅子がご親戚の方にお世話になったそうで」……と。しかし、高倉健さんはそんな事情など知る由《よし》もなく、「えっ？」と戸惑っていたとか。

ソフトボール部のＯＧ会も活発に開催され、雅子さまも母校の田園調布雙葉学園に数回お越しになっています。一度目は平成十二年十二月二日土曜日のことでした。

「この日、私は午前中に講堂で入学説明会を行っていましたが、それが終わる前に雅子さまが到着されたので、お迎えができませんでした。慌てて雅子さまが控えておられる学園内の応接間に伺ったのですが、なんとソフトボール部の頃のようにジャージに着替えて待っていらっしゃったんです」

なぜジャージ姿だったのか。それは雅子さまのご希望でもありました。

「先生、キャッチボールやりませんか？」

その言葉を受け、すぐに伊藤先生はボールとグローブを持ってグラウンドへ。青空の下で久しぶりにキャッチボールを行いました。きっと雅子さまの胸の中に、夢中で練習に励んでいた日々が蘇っていらっしゃったのではないでしょうか。

その後、ＯＧ会の出席者たちで二チームに分かれて試合も行いました。雅子さまもバッターボックスに立ち、とても楽しそうに過ごされていたと言います。この日の記念に、優勝カップを持って皆で記念撮影。優勝カップは長い間、別の学校にありましたが、雅子さまが結婚される時に、思い出の品だからと田園調布雙葉学園に寄贈されたそうです。

翌年も同じ時期にOG会を開催しましたが、偶然にもこの日、愛子さまがお生まれになったニュースが流れました。皆でお祝いしていると、伊藤先生はテレビ各局からインタビューを求められ、大忙しに。忘れられない日となりました。

またある時のOG会では、出席者の皆で料理を持ち寄ることになり、雅子さまも宮内庁大膳課の料理人から習ったというスープをお持ちになりました。美味しいスープだったため、誰かがレシピをほしいと言い出し、伊藤先生もレシピをもらったそうです。

平成二十一年、伊藤先生が定年退職する時、ソフトボール部のメンバーたちが帝国ホテルでお祝いの会を開いてくれました。その席には恩師に感謝の気持ちを伝えたいと、雅子さまもお忍びでいらっしゃったそうです。

令和の時代となって雅子さまも皇后というお立場になられました。しかし、伊藤先生にとっては、一人の可愛い教え子です。

「陛下と雅子さまは普段からよく会話をされて、大変仲睦まじいご夫妻でいらっしゃいます。お誕生日をお祝いする会で会うたび、陛下は本当にいい方だと感じます。そんな天皇陛下や愛子さまとともに、雅子さまが築かれた家庭が幸せでいてくれるのが、教師としての最大の喜びです」

と語る伊藤先生にとって、ご一家が健やかに暮らしていかれることが一番の願い。

ソフトボールの大会で奇跡の勝利を摑んだ、あの日の雅子さまのように、こぼれるような笑顔でこれからも前を向いていかれることでしょう。

「オワ」と「ユウコ」の少女時代

――天野有子（田園調布雙葉学園の同級生）

天野有子（あまの　ゆうこ）
昭和三十八年、東京都生まれ。田園調布雙葉学園小学校、中学高等学校で雅子さまと同級生になり、ソフトボール部でともに活躍。玉川大学卒業後、会社員となる。雅子さまが皇室に入られてからも、同窓会やソフトボール部のOG会などでお会いしている。

雅子さまのお父さまは、国連大使や外務省事務次官を務めた小和田恆《ひさし》氏。外務省を退官した後も、国際司法裁判所所長に就任するなど華々しい経歴を誇ります。海外赴任も多く、昭和四十年には、雅子さまがわずか一歳八か月の時に、ソ連時代のモスクワに転居しました。モスクワ滞在中に二人の妹さんたちが誕生し、小和田家は五人家族になったのです。

やがてモスクワ市立保育園に入園した雅子さまは、ロシア語もすぐに覚えて、冬はソリに乗って遊んだり、スキーも覚えて楽しんだりされていたようです。

昭和四十三年五月には、父・恆さんが国連代表部一等書記官となり、今度はアメリカ・ニューヨークへ赴任。雅子さまは、ニューヨークの小学校に入学され、英語もすぐに話せるようになり、活発な女の子として成長していきました。物心つく頃には、すでにモスクワとニューヨークでの生活を経験し、自然に国際的な感覚を身につけていらっしゃったことでしょう。

ニューヨークでの生活は、約三年。昭和四十六年三月には、再び恆さんの転勤で日本に戻ってきました。雅子さまはすぐに目黒区立原町小学校一年に編入したのですが、外務省官舎への引っ越しに伴い、わずか一か月ほどで新宿区立富久小学校二年に編入。ニューヨークで小学校に入り、そこから日本に戻っての都合二度の転校は、雅子さまにとって小さくない負担となっていたのではないでしょうか。

お母さまの優美子さんは、そんな雅子さまに落ち着いて学習できる環境をと考え、優美子さんの母校でもある、私立田園調布雙葉《ふたば》学園小学校への編入を決めたのでした。

こうして昭和四十七年四月、雅子さまは私立田園調布雙葉小学校三年に編入しました。そこで生涯の友人の一人となる女の子と出会います。雅子さまから「ユウコ」と親しみを込めて呼ばれる、天野有子さんです。実は天野さんと雅子さまの出会いは、田園調布雙葉小学校が初めてではありませんでした。

「記憶にはないのですが、一歳ぐらいの赤ん坊の頃に、私と雅子さまが一緒に映っている写真があります。なぜかというと、母親同士が田園調布雙葉学園のクラスメイトだったので、お互いの家を行き来し、私たちが物心つく前から交流していました。だから雅子さまとは、母の世代から二代にわたって交流が続いているんです」

お母さま同士も友達であるため、雅子さまが編入される前から、二人はすでに仲良くなっていました。

また田園調布雙葉学園の校風を知っていたことから、お母さまも安心して雅子さまを通わせられたのでしょう。海外から帰国した子どもには、せっかく覚えた外国語を忘れないように、インターナショナルスクールに通わせるという選択肢もあったと思います。しかし、雅子さまのお母さまは違っていました。天野さんはお母さまを介して、雅子さまの母・優美子さんの考えを、こう伝え聞いていました。

「海外に出た時に、日本のことを知らないと、真の日本人とは言えないのではないか。ただ英語ができるだけで海外に行ったところで、根なし草になってしまうので、日本の礼儀作法などを学び、身につけた上で海外に出てこそ、国際人になることができる、とおっしゃっていたと聞いています。雅子さまをはじめとしたお子さまたちの教育に関して、きちんとした考えをお持ちだったのでしょうね」

外交官の妻として子育てをしながら海外で暮らしてきた母・優美子さんは、語学ができるだけでなく、日本の美意識や伝統文化を知ることがより大切だと考えていたようです。それこそが、ゆるぎない国際人たる日本人としての心得だと、教えたかったのでしょう。将来、もしも我が娘が海外に出ていくような仕事に就くのならば、しっかりとした教育を行う日本の学校で学ばせたいと、自らの母校を選んだのでした。

こうした考えは、小和田家の皆さんの名前にも表れています。お母さまの名前は「優美子」。そして「雅子」さま、双子の妹さんお二人は「礼子」と「節子」。お母さまの名前と、雅子さまと二人の妹さんたちの名前の頭文字を繋げると、「優雅礼節」になります。「しとやかで気品があり、礼を持って節度を重んじる」。まさに大和なでしこの理想の姿が込められていたのです。

天野さんは、途中から編入してきた雅子さまとクラスは違っていましたが、いつも声をかけて、二人の友情を育んでいきました。

田園調布雙葉小学校は小さい学校でした。一クラスが四十人余りで三クラスしかないため、一学年が百二十人くらい。全員が顔見知りで、皆が姉妹のように仲良しだったとか。お誕生日会の時など、天野さんは雅子さまのお宅に伺っていましたが、その際、雅子さまが妹さんたちの面倒を甲斐甲斐しくみていたご様子から、いいお姉さまぶりが伝わってきたと振り返ります。

小学四年生の時、天野さんは生涯忘れられない、雅子さまとの思い出深い夏休みを過ごしました。それは母方のお祖父さまとお祖母さま（江頭豊氏と奥さま）が、雅子さまと天野さんを軽井沢の別荘に連れて行ってくださった時のことでした。滞在期間は、三日か四日だったと、天野さんは記憶しています。

「軽井沢の名所である『鬼押出し』に連れて行ってもらったり、二人とも自然が好きだったので、毎日、外を駆け回って遊んでいました。二人で別荘のお庭で遊んでいる時、栗の木の下で弱っている小鳥を見つけたんです。茶色っぽい、小さいヒナ鳥でした。たぶん、木の上の巣から落ちたのでしょう」

雅子さまと天野さんは、弱ったその小鳥を助けようと、別荘の中にそっと持って帰りました。二人は段ボールでベッドを作り、お布団の代わりにちり紙を乗せて、一生懸命に介抱したと言います。栗の木の下にいたので、「クリ」と名づけました。

「クリ、早く元気になってね」

二人で息も絶え絶えになっている小鳥に寄り添い、ひたすら回復を願い続けたのですが、

昭和48年、鬼押出し園で記念メダルにスタンプを押して。
左が雅子さま、右が天野さん。

しばらくしてクリは天国に旅立ってしまったのです。小さな命との悲しい別れ。二人はクリをお庭に埋めてあげました。

「雅子さまは動物がお好きで、弱っている姿を見ると放っておけない方です。普通の女の子だと、動物を怖いとか気持ち悪いとか言う子もいるかもしれませんが、雅子さまも私もそういう意識は全然ありませんでした。クリと名づけた小鳥を素手で触ることにも抵抗がなく、とにかく動物が好きだったんです。あの軽井沢での夏の出来事は、雅子さまのお優しい心に触れた思い出になりました」

と、天野さんは当時のことを感慨深く語ってくれました。

雅子さまの動物好きでお優しいご性格は、校内活動にも表れていました。当時、雅子さまは生物部に入り、学校で飼われていた動物のお世話を行っていました。生物部は雅子さまともう一人の生徒と、たった二名の小さなクラブでした。夏休みの間も、交代でウサギの世話をするため、毎日のように学校に通っていたそうです。

ウサギの他にもチャボの世話をし、自宅ではイモリやカメレオンを飼うなど、触れるのが躊躇される昆虫や爬虫類も、愛おしむように掌に包み込み、愛情をかけていらっしゃったと言います。また学校の先生から譲り受けた雑種犬を家に引き取り、ずっと可愛がっていたこともあったようです。

「雅子さまは動物ならどんなものでもお好きなのです。それも血統書つきの高価なワンちゃんではなく、先生からいただいた普通のワンちゃんを飼って可愛がっていらっしゃいました。当時から命あるものはすべて尊く、平等に素晴らしいものだと思っていらっしゃったのでしょう。弱いものや言葉の通じない動物を気遣い、大事になさっていました」

この頃、雅子さまのニックネームは「オワ」。天野さんのことを名前の「ユウコ」と呼び、いつも無邪気な笑い声が絶えない女の子でした。


中学一年生の時、天野さんは雅子さまと同じクラスになりましたが、同じクラスで授業を受けた記憶よりも、雅子さまとともにソフトボール部を設立し、練習に夢中になったことのほうが、ずっと印象深く残っているとか。雅子さまは勉強だけではなく、スポーツにも関心をお持ちで、天野さんや数名の友達と一緒に、多摩川の河川敷にあるグラウンドでジャイアンツの選手たちが練習している姿をよく見に行っていました。

雅子さまは、当時ジャイアンツの守備の要と言われていた高田繁選手のファン。天野さんは、後に江川卓投手とのトレードで、阪神に移籍する小林繁投手のファンでした。二人で両選手のポスターをパネルにしようと、一緒に渋谷のお店に行ったこともあるそうです。

こうした野球好きの二人は、いつしか「自分たちもやってみたい」と思うようになりました。そして野球好きの同級生に声をかけ、ソフトボール部を創設することになったのです（その当時の詳細に関しては、恩師・伊藤修文先生の項で詳しく述べています）。

田園調布雙葉中学校のソフトボール部は、誕生間もない弱小チームでしたが、部員同士の結束力は強く、少しでも成長したい、上手くなりたいという目標を掲げ、努力を重ねていました。

そして、ついにクラブ創設以来、初の公式戦となる「世田谷区ソフトボール大会」に出場することになったのですが、初戦は剛腕ピッチャーを擁する優勝候補。メンバー同士で「勝てないよね……。でも頑張りましょうね」「全力を出し切りましょう」と、前向きに励まし合っていました。

その大会が行われたのはちょうどテスト前で、一週間前からは、テストのために学内での部活動は禁止となっていたのです。しかし、「それでは大会で勝つことができない」「いや、勝てなくても力を出し切ったと思えるのだろうか？」と、現状を甘んじて受け入れたくない声が高まっていきました。

そこで、放課後、本当ならばテストの勉強をしなければならないのですが、ひそかにバッティングセンターに行って練習しようということになったのです。親に反対されて来ることができなかったメンバーもいましたが、「絶対に強くなる、勝ちたい」という強い思いから、雅子さまと天野さん、数名のメンバーたちは、バッティングセンターでの練習に参加したと言います。

「バッティングセンターでの練習は、せめて一勝したいという私たちの強い願いからでした。練習で手が痛くなって疲れても、家に帰ればテスト勉強もしました。中三の夏でしたが、今でもよく頑張れたなと思い起こします」

チームにはお揃いの帽子があるだけで、ユニフォームがありませんでした。それはメンバーの皆にとって、大きな引け目でもあったとか。ユニフォームではなく、学校の体育用のジャージであることは、スタートラインから相手チームに負けているような気がして、ちょっぴりコンプレックスになっていたと天野さんは言います。

「ユニフォームがないのはカッコ悪いと、自分たちが一番思っていましたね。それでも皆の力を結集してベストを尽くそうと、チームのメンバー同士で『ユニフォームはないけど頑張ろうね』と声をかけ合っていました」

そして迎えた「世田谷区ソフトボール大会」。田園調布雙葉中学校は、バッティングセンターでの練習が功を奏したのか、強豪校を次々に破り、奇跡の番狂わせで優勝を遂げてしまったのです。努力の大切さとともに、チームワークのよさが、この勝利を後押ししたのでしょう。その中心にいたのが、雅子さまでした。

「雅子さまは人間としてきちんとするようにご両親から教えられていましたから、他人を困らせたり、責めたりしたことを聞いたことがないです。ソフトボールの試合中でも、メンバーの誰かがエラーをすると、『エエッ』と声をあげる人がいますが、そういうことは一切おっしゃいませんでした。ドンマイ、ドンマイと言って、励ましておられました」

その後、渡された優勝カップは次大会のために返さなければならず、返却する前日、チーム全員で大胆な行動に出ました。

「こんな経験は二度とないだろうからと、優勝カップにオレンジジュースを入れて回し飲みしたんです。本当に最高でした。この優勝経験の記憶は忘れられず、みんなが自然とOG会などで今も集まっているんですよ」

この時の奇跡の勝利が原動力となり、その後も田園調布雙葉中学校ソフトボール部は大きく成長を遂げ、今は成績上位校の常連となっています。

昭和五十四年七月、雅子さまが高校一年生の時、お父さまがハーバード大学の客員教授として招聘されることになり、ご一家でアメリカに転居することになりました。

アメリカに旅立つ前、田園調布雙葉学園では恒例の中学高等学校合同の、クラス対抗合唱コンクールが開かれました。そこで天野さんたちクラスメイトは、雅子さまへのはなむけに優勝するのだと、一丸となって練習に臨んでいたのです。

コンクールでは、あらかじめ決められた課題曲のほかに、自由曲を歌うことになっていたことから、友人の一人が雅子さまのためにオリジナル曲を作詞作曲しました。そのオリジナル曲には、雅子さまは語学堪能で成績優秀だったことから、「世界に飛び立って活躍してほしい」というメッセージが込められていました。

しかし、クラスメイトの頑張りもあと少しのところで力及ばず。合唱コンクールでは優勝はできなかったものの、特別賞を獲得しました。

教室で開いた送別会で雅子さまは英語とドイツ語で詩を朗読し、多くの級友が泣き出してしまったとか。雅子さまはそんな友人の一人ひとりの肩を抱き、優しく言葉をかけて回られました。

「何となく、雅子さまはいずれ世界で活躍される方になるのだろうと、皆が感じていました。お勉強の出来も明らかに違いますし、お父さまは外交官でしたから。雅子さまはお父さまのことをすごく尊敬されていたので、自分の進む道は外交官と決めていらっしゃったのではないでしょうか。将来は何になりたいと話されることはありませんでしたが、目標を達成するにはどうしたらいいかを考えていらっしゃっただろうと感じます」

こうして雅子さまと親友の天野さんは、しばしの別れを経験することになったのです。天野さんが雅子さまと再会を果たしたのは、雅子さまが外交官になってしばらくしてからのことでした。

昭和六十一年、雅子さまは東大在学中に外交官試験に合格し、その翌年、外務省に入省。外務省での仕事は、帰宅が深夜を過ぎることもあるほどハードだったことから、天野さんと会う時間が取れずにいました。

久しぶりに会うことになった二人は、銀座で食事をすることになりました。すでに二人の間には、およそ十年の月日が流れていましたが、幼い頃から「オワ」「ユウコ」と呼び合い、親しく交流してきたせいか、時間の隔たりなど感じませんでした。

「その時、雅子さまから外交官の仕事について聞き、大変な仕事だなと感じました。それでも雅子さまは、幼い頃と変わらぬチャーミングな笑顔を見せて、充実した日々を過ごされている様子も伝わってきました」

平成元年、天野さんはよき伴侶と出会い、結婚しました。結婚式が行われた時、ちょうど雅子さまは外務省の研修の一環で、オックスフォード大学に留学中でした。代わりに雅子さまのお母さまが出席してくださったそうです。

雅子さまは留学を終えて帰国後、天野さんの新居に他の友達と一緒に遊びにきてくれました。

実は当時、雅子さまは皇太子妃候補として騒がれていましたが、他の同級生も候補として報じられていたのです。お友達の間では、気が気ではありません。ある時、気の置けないかつてのクラスメイトたちと集まった際、同級生の一人が「(皇太子妃候補の噂は)どうなの?」と雅子さまに直接聞いたことがありました。すると雅子さまは「違うわよ」と、さらりとおっしゃったのです。

「雅子さまなら皇太子妃として、とてもふさわしくていらっしゃるけれど、当時、外務省であれだけバリバリ仕事をなさっていましたからね。ご結婚されることになるとは、思ってもみませんでした」

と、天野さんは言います。

しかし、平成五年一月、皇太子さま（現在の天皇陛下）と、雅子さまのご婚約が内定したとの報道が世界を駆け巡りました。天野さんは雅子さまのご婚約をニュースで知り、驚くとともに、「やっぱり」と納得。嬉しい驚きでした。

早速、天野さんのもとには、各マスコミから同級生としての感想を求める取材依頼がきました。そこで天野さんは、直接雅子さまに電話をかけ、お祝いの言葉を伝えました。

「いろいろ取材がきているけれど、お話ししていいの？」と聞いたところ、雅子さまは「よろしくね」と、答えられたそうです。

陛下とご結婚間もない頃、天野さんはお友達十数人で、東宮仮御所に招かれました。立食の形式で、その席に陛下もお見えになり、とてもお幸せそうな表情でいらっしゃったとか。そして天野さんが陛下にご挨拶すると、陛下はとても嬉しそうに、こんなお話をされたそうです。

「僕は雅子と一緒になれて、本当によかったです」

天野さんはどう答えていいか分からず、「何よりでございます」と伝えました。陛下がプロポーズのお言葉として「雅子さんのことは僕が一生、全力でお守りします」とおっしャられたことは、陛下の誠実で率直な思いから発せられた、正直なお気持ちだったのだと嬉しく感じたと言います。

また別の機会にお会いした時には、子どもの頃、動物好きだったことを思い出させる、雅子さまのこんなエピソードが。

「赤坂御用地内に迷い込んできた犬が子犬を産んで、大半は職員に引き取ってもらい、二頭が残ったそうです。その二頭をお二人で飼っているとおっしゃいました。他にも何か飼っているの？　と聞いたところ、雅子さまは茶目っ気たっぷりに、『タヌエさん』と『タヌコさん』とおっしゃったんです」

実はこの『タヌエさん』と『タヌコさん』は、赤坂御用地に暮らす野生のタヌキ。時々、出没する二匹のタヌキに、雅子さまは名前をつけて可愛がっておられました。

その後、天野さんがお手紙に、

「『タヌエさん』と『タヌコさん』はお元気にしていますか？」

と書いたところ、雅子さまから「元気にしています」というお返事があったそうです。

雅子さまが皇后になられる前年の平成三十年、天野さんは毎年送っているお誕生日カードに、「私たち（同級生）全員が応援しています。来年は大変な年になりそうですが、みんな応援しています」と、心から応援していることを伝えたくて思いを綴りました。するとすぐに、女官の方から「雅子さまが『ありがとうございます』とおっしゃっています」という内容のメールが寄せられました。年末で皇室の行事が立て込んでお忙しいはずなのに、すぐにお返事をくださったことで、天野さんは雅子さまに思いが通じたように感じられたと言います。

「雅子さまは、ご自分を前に出すタイプでは全くありません。一歩下がって慎重に考えられ、賢明な判断をされる聡明な方だと思います。社会の中で弱い立場にある人々にお気持ちを注がれ、被災地に心を寄せることが自然にできる方なのです。これからも雅子さまのお心のままに、多くの国民に寄り添ってほしいと思いますね」

雅子さまと出会った日から、天野さんはすでに半世紀以上もの時間を、ともにしてきました。皇后となられてからの雅子さまはその表情に輝きが戻り、昔の笑顔が返ってこられたと天野さんは話します。かつて颯爽とグラウンドに飛び出していた頃の、「オワ」のように。いつまで経っても友達はずっと友達。「オワ」と「ユウコ」の物語は、これからもまだまだ続きます。

静かなる側近護衛の日々

――弓取隆司（皇宮警察元護衛官）

弓取隆司（ゆみとり　りゅうじ）

昭和二十六年、広島県生まれ。皇宮警察の護衛官として、陛下の独身時代を含め計約十年にわたって、天皇ご一家の側近護衛を担当。ご結婚後の雅子さま、幼稚園時代の愛子さまも護衛した。皇宮警察本部吹上護衛署長などを歴任し、退官後は様々な企業の要職に抜擢されて活躍。

東京都の中心に位置する皇居の広さは、外苑を含め約二百三十万平方メートル。東京ドームにして約五十個分もの広大さを誇ります。

この広い皇居の中は、一体、どうなっているのでしょうか?

誰もが抱くそんな好奇心を満足させてくれるのが、日曜日と月曜日、祝日や年末年始などを除くほぼ毎日、午前・午後の二回、一般の人が参加できる皇居参観ツアーです。料金は無料、事前予約もでき、当日も空きがあれば参加できるとあって、日本人はもとより海外からの観光客も殺到するほど人気となっています。

回るコースは、東京駅丸の内口からまっすぐ皇居に向かうと見えてくる桔梗門《ききょうもん》前に集合し、桔梗門―窓明館―元枢密院庁舎―富士見櫓《やぐら》―蓮池濠―富士見多聞―宮内庁庁舎―宮殿東庭―宮殿―正門鉄橋(二重橋)―伏見櫓―山下通りに来て解散となる、約一時間十五分の行程です。

この皇居参観ツアーで最初に目にする皇居内の建物が、桔梗門のすぐ側にある皇宮警察本部の庁舎です。この建物は大正十年に完成した天皇の最高諮問機関「枢密院」の庁舎だったものを改修し、皇宮警察本部として使用されています。

皇宮警察は、皇室の方々の側近護衛や皇室に関連した施設の警備を専門に行う、警察組織です。その歴史は古く、明治十九年、当時の宮内省に皇宮警察署を設置したことに始まります。戦後、新警察法制定に伴い、警察庁の附属機関となり、昭和二十九年、「皇宮警察本部」と改称されて現在にいたっています。

皇宮警察本部に所属する職員は約九百人。警察官としての一般的な能力だけでなく、礼儀正しく教養豊かであることが求められ、研修などを行う皇宮警察学校では、和歌や茶道、生け花など、日本文化への理解と品格を習得するための授業も行われています。

こうした皇宮警察の中でも、皇室の方々の側近護衛の役割を担っているのが、側衛官と呼ばれる人々です。

弓取隆司さんは、昭和四十五年、高校卒業後に皇宮護衛官となり、定年退官までの四十数年、励んできました。

皇太子時代の天皇陛下の側衛官となったのは、平成二年の時でした。平成五年には結婚された雅子さまとお二人の護衛を務めてきました。皇室の祖先に結婚の報告をされる伊勢神宮への参拝でも、ご夫妻が乗車された車に弓取さんが同乗し、常にお側で仕えてきたのです。

弓取さんは、初めて雅子さまにお会いした時の印象をこう語ります。

「最初に雅子さまにお会いした時、『凜々しさ』を感じました。一般的には男性に対してこの表現を用いるのでしょうが、私から見ると、堂々とされて一本芯が通っている『凜々しい方』という印象でした。でも実際に雅子さまとお話しすると、事前に持っていたイメージと違って、とても優しく柔らかい話し方をされる方でいらっしゃいました。日頃接する職員たちに対しても、雅子さまは思いやりにあふれていらっしゃる方だと思っておりました」

この時から弓取さんの、両陛下をお守りする護衛の日々が始まりました。

結婚された翌月（平成五年七月）には、環境省や国立公園協会などが共催する「自然に親しむ運動」の中心行事、「自然公園大会」（後に「自然公園ふれあい全国大会」へ改称されて二〇一一年に終了）に出席されるため、山口県へ地方公務に出かけられました。

しかし、この日は台風の影響で大雨が降り続いていました。山口県の空港も飛行機が着陸できるかどうか、判然としない状況の中、ひょっとしたらUターンして東京に戻ってくるかもしれないと伝えられてのフライトでした。

幸い遅延もなく現地に到着することができたものの、台風はさらにひどくなり、両陛下の萩市内の名所・旧跡の御視察予定はどうなるのかと思っていました。

この日は、毛利家ゆかりの萩城址を視察される予定があったのですが、悪天候に見舞われていたので、弓取さんは当然取りやめになるだろうと予想していました。しかし、萩城址では、すでに両陛下のご訪問を風雨の中で待ちわびている人たちがいるとの情報が入り、そのことを知った陛下は、「中止にすることはできない。行きましょう」とおっしゃられたのではないでしょうか。その時のご様子を、弓取さんはお側で見ていました。

「雅子さまと結婚されたばかりですから、当然、陛下は雅子さまを気遣って、この豪雨なのだからやめましょうかという話になりますよね。おそらく侍従さんが『現地はこういう状況でございます』と報告したのですけれど、雅子さまと相談されて『お待ちになっている方がいらっしゃるんだったら行きましょう』ということになったのだと思います」

実際、雨はさらに激しく降り、弓取さんが両陛下と同じ車に乗って現地に着くと、ドアの外は水浸しの地面が広がっていました。弓取さんが降りると、予想通り革靴の中まで雨水が入ってしまいました。遅れて車から降りた陛下もまた、靴はもちろんズボンの裾まですっかり濡れてしまったのですが、表情には不快なご様子など微塵もありません。

雅子さまもハイヒールの先から水が入ってしまったようですが、やはり笑顔を浮かべていらっしゃいました。

そんな悪天候の中、両陛下は萩城址の広場まで歩いて行き、そこに待っていた多くの人たちにご挨拶されたのです。待っている人がいる限り、その心を裏切ることはできないとされる両陛下の温かい誠実さは、傘を差していてもずぶ濡れになるほど、降りしきる雨の中で待っていた人々の感激となって伝わりました。

車まで帰ってこられた時も、お二人は靴が濡れていることなど意に介することはありませんでした。雅子さまは普段と全く変わらずにニコニコされて、「来てよかったですわ」と、陛下とお二人でお話しになっていたとか。

弓取さんは靴だけでなく、背広もびしょ濡れになっていました。

「両陛下はご立派だったと思います。ご訪問を待っていてくれた一般の方に迷惑をかけたくないというお気持ちが、大変強いのだと思います」

雅子さまはこの年（平成五年）のお誕生日に際してのご感想で、以下のように綴られていました。

「結婚後、幾度か地方に出かけたり、いろいろな行事に参加する機会がございましたが、その一つ一つの新しい経験に新鮮な感動を覚えながら、務めにのぞんで来たように思います。特に、地方への訪問時には、各地で多くの方から温かい歓迎を受け、大変有り難く思いました」（平成五年、雅子さまお誕生日に際してのご感想）

地方の場合、両陛下が訪れる頻度は限られています。地元の人々にとって、それはとても貴重な機会であることを、両陛下も皇太子同妃時代から理解していらっしゃいました。だからこそ、よほどのことがない限り、お二人は少しでも国民と触れ合う時間をとろうとされていたのです。

結婚された翌年の平成六年八月、陛下と雅子さまは那須茶臼岳《ちゃうすだけ》から朝日岳まで山登りをされました。陛下お一人で登山される時は、同行している山岳ガイドのペースに合わせて歩かれるのでスピードが速く、かなりの健脚でないとついていけません。当然、側衛官も同行するのですが、普段から足腰の鍛錬とスタミナを養っておかなければ、陛下の足手まといになってしまいます。

登山道は狭いため、登る人と降りる人が近距離ですれ違います。側衛官たちは陛下の側近と前後に分かれて護衛していました。陛下より前にいる側衛官が下山する人たちを確認し、「今、○○歳くらいの男性○名が下山中」という連絡があった場合は、お供の侍従に伝えます。

陛下はすれ違う人たちにお声がけをされることが多いので、至近距離で近づく登山者の入念な確認は欠かせないのです。たまに後ろから追い越してくる人もおり、その場合も「今、○○歳くらいの男性が追い越します」とお供の侍従に伝えます。側衛官たちは登山道でも常に万全を期し、不測の事態に備えなければならないのです。

独身時代の陛下の登山は屈強な男たちが周囲を固め、プロ級の健脚でスイスイ登る、いわば体育会系の登山でした。

しかし、そんな雰囲気も、雅子さまが登山に同行される時には、がらりと変わったと言います。まず陛下の登るスピードは、雅子さまに合わせてゆっくりと、休憩をこまめにとるようになりました。雅子さまも幼い頃からご家族で登山に親しまれていたとは言え、陛下のスピードで登るのは体力的に大変です。陛下は雅子さまを気遣い、ペースを合わせていらっしゃいました。

また那須の茶臼岳から朝日岳までの登山では、雅子さまのお伴で女官の方も一緒に来られました。お年を召した女官の方には、岩だらけの山道はハードで体力的にもきついものがあります。しかし、これも女官の役割とあって同行されたのですが、雅子さまは登山中、幾度もその女官さんの方を振り返り、心配そうな顔で見守っておられました。そして、足元が不安定な岩場に差しかかると、雅子さまは護衛でついていた弓取さんたちをご覧になられたそうです。

弓取さんは、雅子さまがアイコンタクトで、何かを訴えているように感じました。

「雅子さまは『女官さんたちにお手を貸してあげてくださいね』という顔をされていました。言葉で伝えると女官さんが登山のお荷物のようになってしまい、責任を感じるだろうとの配慮から言葉ではおっしゃらなかったのだと思いますが、雅子さまのメッセージが伝わってくるようでした」

雅子さまの意図を察知した弓取さんは、女官さんに手を差し伸べ、エスコートして山登りのお手伝いをしたと言います。

その様子を雅子さまは、じっと見守っていらっしゃったそうです。

「次の瞬間、雅子さまは『私が思っていることをやっていただけたんだわ』とおっしゃるかのように、ニコニコとした表情になられました」

陛下も、雅子さまやお付きの女官さんのために、靴の紐を結びなおしたり、見晴らしがいいところで雅子さまと写真を撮るなどして、お伴の人たちが少しでも休んだり、気分転換できるようにさりげない心配りをしていらっしゃったそうです。

とは言っても、考えなしに両陛下が足を止めると、周りの側衛官たちの動きも全員ストップします。狭い登山道の途中でそのようなことがあれば、渋滞を引き起こして、他の登山者に迷惑をかけてしまいます。そのため、所定の休憩場所や開けた場所で、写真を撮り、眺望をご覧になるなど、分からない形で気を遣ってくださっていたのだろうと、弓取さんは話します。

両陛下の思いやりにあふれた那須の登山から、三か月後の平成六年十一月、ご夫妻は結婚後初の海外公務となる、サウジアラビア、オマーン、カタール、バーレーンの中東四か国を訪問されました。

この海外公務の間、同行した弓取さんが最も印象に残った出来事が、サウジアラビアのファハド国王との午餐《ごさん》だったと言います。午餐の場所となったのは、砂漠のど真ん中。そこに大きなテントを張り、厚い絨毯を敷き詰めた中での食事となりました。

これがアラブの伝統的な賓客のもてなし方なのですが、しかし、スケジュールはあってないようなもの。ドタキャンも当たり前で、日本の感覚とは事情が違っているようでした。弓取さんや政府の関係者一同が現地の集合場所に行っても「国王は来ないかもしれない」と言われてしまったのです。

さらに驚いたのは、砂漠のテントまで行く両陛下のエスコートカーは、ピックアップトラックであり、弓取さんたちはその荷台に乗車しました。しかも、百キロもの猛スピードで走るため、砂が舞い上がってほとんど砂だらけになってしまったのです。弓取さんらも、髪の毛の奥や口の中まで砂が入り、息もできない状態でした。

幸い国王のスケジュールに変更はなく、両陛下との午餐も和やかに始まりました。

しかし、その時は強風であったため、テントの中の食事は砂だらけとなり、弓取さんは果たして食べられるのだろうかと心配していました。両陛下以外の関係者は、脇にあるテントで食事を取ることになり、美味しい料理の数々が並んでいたのですが、口に運ぶと案の定、砂をじゃりじゃりと嚙んで気になってしまい、バナナしか食べることができませんでした。

ふと両陛下がいらっしゃる席を見ると、和やかにファハド国王と会話し、振る舞われた食事も嫌な顔ひとつせず召し上がっていらっしゃったのです。

当然、両陛下に出された食事も砂だらけなのですが、両陛下はそれに気づいても笑顔を絶やさなかったことに、弓取さんは頭が下がる思いだったとか。

「やはり相手の国のおもてなしや食文化を大切にされているのだなぁと、つくづく思いました。普通なら食事中に砂が飛んでくるのですから、料理に手をつけるのを考えるものですが、陛下と雅子さまは嫌な顔を少しもせずに、にこやかに食事を召し上がっていらっしゃいました。相手の国のおもてなしを尊重されたのだと思います」

この中東ご訪問について、雅子さまは二年後の平成八年、お誕生日に際しての記者会見でこのように話されています。

「二年ほど前に中東の国々を訪れましたけれども、この地域は日本と気候、風土、歴史、文化など様々なことが違う地域で、私にとっても初めて訪れる国々でございましたが、とても思い出深い滞在をさせていただきました。向こうで、各国の元首の方ですとか、それから王族の方々とお会いして、とても温かいお心のこもったおもてなしをいただきまして、本当に有り難いことと思いましたし、それからアラブ諸国固有の文化というものに触れることができまして、とても学ぶことが多くございました」（平成八年、雅子さまお誕生日に際しての記者会見）

弓取さんはその後、皇宮警察内の異動で両陛下の側衛官を離れましたが、平成十八年からは再び両陛下の側衛となり、平成二十一年までの三年間、ご一家の側近護衛の任につきました。この期間は、長女・愛子さまが学習院幼稚園と学習院初等科に通われており、毎朝、雅子さまが通園に寄り添われる車に同乗していました。

雨の日は、弓取さんがいち早く車を降りて、傘を開いてから車の後部座席のドアを開け、雅子さまと愛子さまが濡れないように傘を差しかけます。雨が強い日は肩のあたりに水滴が落ちる時もあり、極力そうならないように、弓取さんは常に細心の注意を払っていました。

「雅子さまは車を降りる時に、『ありがとう』とおっしゃってくださるんです。いわば護衛官は昔で言えば臣下です。お仕えするのが当たり前なのに、お礼をおっしゃってくださる。われわれ護衛官に対して、思いやりを持ってくださるのだなぁと日々嬉しく感じておりました」

側衛官の中には女性もおり、愛子さまが幼稚園に通学される時には、女性側衛官が先回りし、車が着くのを現場で待っていました。幼稚園で中高年のいかめしい男性が立っているのでは、他の父兄や先生方に余計な緊張感を与えてしまうかもしれないと考えての配慮でした。幼稚園や学校などでは、女性側衛官が見える場所に立ち、男性の側衛官は少し離れたところに待機していたと言います。

一方、駅やデパート、地方公務では不特定多数の人がいるので、いつでもすぐに対応できるよう、皇室の方々の直近で男性側衛官が目を光らせていました。

上皇さまの時代から、護衛をあまり厳格にしすぎると、皇室と国民との間に距離が生じるのではないか、と言われてきました。そうした声を受けて、現在、皇宮警察では、できるだけソフトで、しかし万が一の時にはきちんと即応できる体制が構築されています。

そんな皇宮護衛官としての矜持を胸に、その使命を果たそうと最前線で奮闘してきた弓取さんが、側衛官生活の中で苦労したのが、実はスキーでした。

陛下も雅子さまもスキーを趣味にされ、お上手でいらっしゃいます。今も冬になると愛子さまとともに、ご一家で流れるようなシュプールを描き、スキーを楽しまれています。

側衛官はゲレンデでも、両陛下や愛子さまにつかず離れずの距離でお守りしなければなりません。従って側衛官もスキーの技術が身についていてはならないのです。

弓取さんは、皇宮警察に入るまで一度もスキーをしたことがありませんでしたが、スキーは側衛官の必須科目。先輩に教えてもらい、自主的に室内スキー場や湯沢のスキー場に出かけ、懸命に腕を磨いてきました。

その努力の甲斐あって、護衛ができるほどの腕前となり、周囲の様子を把握できる余裕を持つほどになったのです。

「一般の人から見ると、ゴーグルと帽子をつけていますから顔が見えません。だから両陛下だとは分からないのです。時々、暴走して来るスキーヤーがいるのですが、さりげなく盾になって立っていると、こちらを避けて行きます。手で塞いでこちらに来られないようにすると、かえってトラブルになってしまいますからね。ご一家がスキーを楽しめるよう配慮し、また他のスキーヤーに迷惑をかけないよう考えながら護衛していました」

ご一家がスキーに行かれる時は、事前に側衛官たちでフォーメーションを組み、あらゆる状況を想定して何度も練習を行います。いくらスキーの熟練者とは言っても、普通の地面と雪上では、勝手が全く違います。しかも衝突や転倒などのアクシデントも起こります。

安全を第一に考え、どうすれば不測の事態を回避できるのか、闖入者がいた場合はどう対処するのか、弓取さんは責任者として陣頭指揮をとっていました。

平成七年、皇宮警察勤続二十五年を迎えた弓取さんは、その功績を労われ、奥さまと二人で皇居に招かれました。宮殿の北溜《きただまり》で上皇ご夫妻（当時の天皇ご夫妻）から拝謁を受け、その後、天皇ご夫妻（当時の皇太子ご夫妻）との懇談の機会を得ました。

その際、弓取さんは陛下を長年護衛させていただいていたので、登山や地方公務に同行した時の思い出話に花を咲かせたと言います。そして、奥さまは雅子さまから、こんなお言葉をかけてくださったと後で知りました。

「日々よくやっていただいて、本当に感謝しております。お身体に気をつけて頑張ってくださいますように……」

雅子さまのお言葉を直接聞いた奥さまは、感無量の面持ちで弓取さんに伝えたそうです。

「私は護衛する立場ですから、直接いろんな話をするわけではありませんが、雅子さまは豊かな知性と優しさをお持ちの方だと感じます。国民のために尽力しているのが皇室なのだと世界中の人々に理解していただける、素晴らしい素質とご人格をお持ちです。ぜひとも雅子さまに国際交流をどんどんやっていただき、日本のよさを広めていただければと思っています」

弓取さんは平成二十四年三月三十一日をもって、皇宮警察を定年退官。最後の階級は皇宮警視長でした。

退官するその日、弓取さんは大きな満足感とともに、長い間、皇室の方々に護衛官としてお伴をさせていただいた名誉を、大きな誇りと感じていました。皇室のために微力ながら力を尽くすことができ、その半生に弓取さんはひとつの区切りをつけたのでした。

愛子さまご誕生までの春夏秋冬

——堤治（医療法人財団順和会　山王病院院長）

堤治（つつみ　おさむ）

昭和二十五年、埼玉県生まれ。東京大学医学部卒業。東京大学産婦人科教授。国際医療福祉大学大学院教授。宮内庁病院の非常勤医師となり、二〇〇一年三月、東宮職御用掛を拝命し、雅子さまのご出産を担当した。二〇〇八年から医療法人財団順和会 山王病院院長に就任。産婦人科界で神の手を持つと言われ、日本の第一人者である。

皇室から始まった行事や習慣で、今では私たちの生活の中で当たり前のように行われているものが数多くあることをご存じでしょうか。

神前結婚式は、明治三十三年、大正天皇と貞明皇后が皇居内の賢所《かしこどころ》のご神前で「結婚の儀」を執り行ったことに由来しています。このニュースが報じられると、国民の間にご神前で結婚式を挙げたいという声が高まり、それを受けて東京大神宮が一般向けの神前結婚式を行ったことで、全国の神社に普及していきました。

婚約が決まった後に新郎側から新婦に贈り物を届ける結納も、皇室で行われてきた「納采の儀」が一般に広がったものです。また、結婚の形態についても、皇室が新しい流れを作りました。

昔の日本ではお見合い結婚がほとんどでしたが、昭和三十四年、当時皇太子だった上皇さまと美智子さまとのご結婚は、軽井沢のテニスコートで出会い、そこから恋愛へ、そして結婚へと発展していきました。この出来事が人々の価値観に大きく影響し、お二人がご結婚した後、恋愛結婚の割合がお見合い結婚を上回ったのです。

お子さまのご出産においても皇室がきっかけとなって、様々な新しい技術が日本中に広まっていきました。昭和三十五年、美智子さまは宮内庁病院で、現在の天皇陛下、浩宮さまを出産されました。当時の日本は出産のほとんどが自宅に助産婦さんを呼んで行われていました。皇室も例外ではなく、それまでは皇居宮殿内の御産殿で出産されていました。しかし、美智子さまは、皇室で初めて病院で出産され、世の中の常識もそれに伴い、産科病院での分娩へと変化していったのです。

また、美智子さまのご出産では、まだ開発途上だった最新技術が用いられました。「分娩監視装置」といって、お腹にその装置をつけることにより、母体の子宮収縮と胎児の心拍を観察するものです。今ではどの病院でも活用されていますが、いち早く美智子さまのご出産で使われました。

そして、雅子さまのご出産にあたっても、最先端の試みが行われたのです。

喜びに包まれた春――。

雅子さまのご懐妊が正式に発表されたのは、平成十三年五月のこと。主治医として東宮御用掛を拝命したのは、以前から宮内庁病院の非常勤医師だった堤治医師でした。

堤医師は、雅子さまにご懐妊を告げた時のことを、こう振り返ります。

「天皇陛下はいつも雅子さまに寄り添っておられて、ご懐妊の診断の時もご一緒でした。超音波の画像をご覧いただきながら、トントントンという赤ちゃんの心音を聞いていただきました。私が『ご懐妊です』と申し上げると、陛下と雅子さまは目と目を合わせて、アイコンタクトでお互いに喜びを通わせていらっしゃいました」

この時、皇太子さまは四十一歳で、雅子さまは三十七歳。妊娠三か月と診断されたのです。ご結婚から八年を経て、両陛下のもとにコウノトリが舞い降りたのでした。

念願のご懐妊とあって、赤ちゃんが生まれるまでの日々の過ごし方も大切です。堤医師は最初に雅子さまにこう伝えました。

「ご出産は勉強が大事です。よく勉強いたしましょう」

そう言って手渡したのは、一冊の本。堤医師が書いた『初めての妊娠』（ＳＳコミュニケーションズ）でした。この本には、妊娠や出産の仕組み、その時期に応じて留意する点など、必要な情報が網羅されています。

妊娠の仕組みや分娩について事前によく分かっていれば、陣痛が始まっても今こういう状態だからと理解して頑張ることができます。しかし、知らないと心の準備ができておらず、不安が募りパニックになってしまうかもしれません。十分に知識を持っていれば何事にも安心してのぞむことができると、堤医師は「ご出産は勉強が大事」と伝えたのでした。

堤医師から見て、「雅子さまは真面目で几帳面で、ご出産についても大変よく勉強されました」と言います。雅子さまは堤医師が渡した本を入念に読み込んで、すべての情報がきっちり頭の中に入っておられたそうです。それを物語る、雅子さまが妊娠三か月あまりの頃のエピソードがあります。

エコー検査でお腹の赤ちゃんの大きさを計測した時、堤医師が胎児の様子をこう話しました。

「今日は四センチですね」

すると、その数字を聞いた雅子さまは、

「本に書いている長さと合いませんが……」

とすぐにおっしゃられたと言います。

なぜなら本には、妊娠三か月での赤ちゃんの大きさは「六センチ」と書かれていたからです。しかし、どちらも間違いではありません。通常、赤ちゃんの大きさをエコー検査で計測する時は頭からお尻まで直線で計り、足の長さは含めないのですが、本には足まで入れた、いわば胎児の身長が書かれていました。確かにこれでは足の長さの分、小さな印象を受けます。

堤医師は、雅子さまのご指摘を受けて、とても感心したと話します。

「雅子さまはしっかり本を読んでおられるので、書いている長さと合わないと気づかれたのです。それを指摘されたのは、これまで雅子さまだけです。すべてを細かく読み込んでいるからこそ、お分かりになったのです」

他にも雅子さまは堤医師がアドバイスしたことをきちんと守り、たとえば「毎日三十分、お散歩を」と申し上げると、きっちりその時間で実行されていたとか。

さらに妊婦健診の際には、雅子さまはいつも細かくメモを取っていらっしゃいました。ご出産に向けて完璧に予習をされていたので、堤医師は先回りしてご説明するようにしていたそうです。雅子さまの勤勉さと堤医師との連携によって、お腹の赤ちゃんもすくすくと育っていきました。

陛下と二人三脚の夏――。

堤医師が素晴らしいことだと感じたことがありました。それは陛下がほぼ毎回、雅子さまとご一緒に訪れ、妊婦健診に付き添われたことでした。

「今はご夫婦でお見えになるケースは多いですが、当時はそういったことは日本ではあまり例がありませんでした。夫が妊婦健診に同行するというのも、時代の先駆けでいらっしゃいましたね」

毎回、妊婦健診で堤医師は超音波の画像などをご覧いただきながら、赤ちゃんが育つ姿や子宮内での行動などをご説明したそうです。日増しにお腹の赤ちゃんは手足がはっきりして、運動もより活発になってきます。近いうち誕生されるわが子のご様子を、陛下と雅子さまは熱心に見つめていらっしゃったそうです。

子宮の中で育っていく赤ちゃんの姿。心拍音も聞こえ、それは生命の神秘を感じる瞬間でもあります。

後に雅子さまが、愛子さまご誕生についての記者会見で、

「生命の誕生、初めておなかの中に小さな生命が宿って、育まれて、そして時が満ちると

持てるだけの力を持って誕生してくる、そして、外の世界での営みを始めるということは、なんて神秘的で素晴らしいことなのかということを実感いたしました」（平成十四年、愛子さまご誕生記者会見）

とおっしゃったのは、この時の映像を思い出されてのお言葉だったのではないかと、堤医師は話します。

ご出産へ動き出した秋――。

やがて紅葉が見頃を迎えると、雅子さまは天気のいい日には、赤坂御用地を陛下や二頭の愛犬たちと一緒に散策され、穏やかな時間が流れていきました。ご出産の日が近づくにつれ、実は堤医師が主治医として最も頭を悩ませたのは、雅子さまがご入院されるタイミングでした。

陣痛が始まる時を予想して、堤医師がご入院のゴーサインを出すのですが、実際に雅子さまが病院へ入られるまでには、護衛を配備したりメディアに伝えたりなどで、二時間程度の時間がかかる計算でした。

「陣痛が始まってからの二時間は、とてもつらいものです。その状況で報道陣のカメラが待っているところを通ると、痛々しいご様子が捉えられてしまいます。かといって宮内庁病院に早く入ってしまうと安静入院になり、なかなかご出産にならない場合もあり、日本中が何かあったのではないかと心配して大騒ぎになってしまうことも想定されました。雅子さまのご入院のタイミングは、判断がとても難しかったことを覚えています」

ご入院のタイミングを計る上で大きな助けになったのは、まだ試作段階だった機器、「遠隔分娩監視装置」の導入に踏み切ったことでした。この装置は、お腹の張りと赤ちゃんの心拍数をインターネット回線を通じて、病院あるいは自宅にいる医師に情報を送るものです。まだ開発中でしたが特別に東宮御所に設置しました。東宮御所に常駐する助産師さんが装置を雅子さまのお腹につけると、インターネットを通じて堤医師のパソコンにデータが送られてくるシステムになっていました。堤医師は、その画像を逐次チェックし、リアルタイムで状態を把握することができました。

この装置のデータをもとに、堤医師が判断した入院のタイミングは、十一月三十日に決まったのでした。

その日の午後十一時過ぎ、雅子さまを乗せた車は警視庁の白バイに先導されて、東宮御所を出発し、皇居の半蔵門を通って宮内庁病院に向かいました。多くのカメラや記者が集まっている半蔵門を通る時、車の中から雅子さまは笑顔でお手ふりをされました。

当時のことを堤医師はこう話します。

「カメラの前を笑顔でお手ふりして通られ、翌日には生まれているという、ピッタリのタイミングでのご入院でした。最新鋭の機器のおかげで、まさにベストのタイミングで雅子さまにご入院いただけたのです」

それは堤医師の入念なシミュレーションの成果でもありました。今から六十年近く前、陛下がお生まれになる時に、出産に際して試作段階の分娩監視装置が初めて用いられ、その後、全国に普及していきました。時代を経てＩＴ化が進み、愛子さまのご誕生の際には、今度はまだ開発中だった遠隔分娩監視装置が使われました。この機器も今では普及し、保険診療として使うことが認められているそうです。皇室のご出産が、日進月歩で進化する日本の医療技術をさらに前進させる一助となってきたのです。

待望の産声が響いた冬――。
そして十二月一日、前日から宮内庁病院に入院された雅子さまに付き添うため、陛下は朝から宮内庁病院にお見えになりました。

「雅子さまは朝から痛みがあって、強い陣痛が始まったのは午前十一時くらいからでした。その時間は大体二〜三時間です」

実は堤医師の提案により、宮内庁病院には事前に「ＬＤＲ室」という特別仕様の部屋を用意していました。Ｌは陣痛の「Labor」、Ｄは分娩の「Delivery」、Ｒは回復の「Recovery」を表し、陣痛が始まってから出産をして回復するまでを、ひとつの部屋で過ごせるよう配慮された部屋です。

当時、日本での出産は、妊婦さんがまずは陣痛室で待機し、強い陣痛が始まったら分娩室へ移動。出産をした後は、別の部屋に移って回復していました。しかし、米国ではそれらの部屋をひとつにして、陣痛室でお産をして回復もできるというのがスタンダードになっており、そのほうが妊婦さんの身体への負担が減り、快適に出産にのぞむことができるのです。この時、陛下も「ＬＤＲ室」へお入りになられ、雅子さまを励まそうとご出産のギリギリまで寄り添っていらっしゃったそうです。

平成十三年十二月一日午後二時四十三分、雅子さまは元気な内親王さまを出産されました。大きな産声は、宮内庁病院中に響きわたったほどでした。

身長四十九・六センチ、体重三千百二グラム、丸々とした女の子は、後に敬宮愛子《としのみやあいこ》と命名され、皇室の一員となられたのです。

堤医師は雅子さまのお隣に生まれたばかりの愛子さまをお連れし、対面していただいたと言います。雅子さまはわが子を抱き上げると、愛おしそうに見つめられました。

「その時の雅子さまはとてもお喜びの、最高の笑顔でいらっしゃいました。わが子に対面する時、泣いたりする人もいますが、雅子さまは大変嬉しそうな笑顔でした。優しい母の顔でいらっしゃったのです」

それは、雅子さまが初めてわが子と対面された、感動の瞬間だったに違いありません。

後に雅子さまは出産された時のことを、このように話されています。

「無事に出産できましたときには、ほっといたしますと同時に、初めて私の胸元に連れてこられる生まれたての子供の姿を見て、本当に生まれてきてありがとうという気持ちで一杯になりました。今でも、その光景は、はっきりと目に焼き付いております」（平成十四年、愛子さまご誕生記者会見）

この記者会見の途中、雅子さまは思わず涙ぐまれました。「生まれてきてありがとう」。そのお言葉には、わが子に出会えた喜び、母となられた思いが詰まっています。

そして堤医師は陛下がお待ちになっている部屋に行き、「内親王さまが、今お生まれになりました」と報告しました。陛下は緊張した様子でＬＤＲ室に入り、待望のわが子と初対面をされたのです。

ぎこちない手つきで、赤ちゃんを抱かれた陛下は、初めてのこととあって、肩に力が入りながらも、大きな喜びを噛み締めているご様子だったそうです。ご家族の微笑ましい光景を見て、堤医師はささやかな心配りをしました。

「お部屋から他の者は退出して、陛下と雅子さまと新宮さまのお三方だけで、ゆったり過ごしていただける時間を作りました」

その夜、宮内庁病院からお帰りになる際、記者から感想を求められた陛下は、「赤ちゃんを抱っこするのは難しいですね」と答えられました。陛下は生まれたばかりの愛子さまを腕に抱いた時のことを、思い出されていたのでしょう。

堤医師によれば、雅子さまのご出産は「スムーズな分娩」だったそうです。促進剤や特別な麻酔は使用せず、ご自身の力で頑張って自然な出産をされました。

愛子さまを出産した夜のことを、雅子さまはこのようなお歌に詠んでいらっしゃいます。

「十一年前　吾子の生れたる師走の夜　立待ち月はあかく照りたり」（平成二十五年、歌会始）

出産された日の夜は、空に月が明るく照っており、後に雅子さまはこの月が十五夜から二日後にあたる、十七夜の立待ち月であったことをお知りになったそうです。愛子さまが誕生された感動は、この月とともに雅子さまの心に強く刻まれていることでしょう。

愛子さまとともに新たな季節へ——。

十二月八日の正午前、雅子さまは愛子さまを抱いて退院されました。ご出産から一週間、堤医師はじめ出産スタッフは、病院に泊まり込みで愛子さまのご様子を見守ってきたのです。

白いおくるみにくるまれた赤ちゃんは、すやすや眠っていらっしゃいました。そのご様子を見て雅子さまが「よく寝てますね」と語りかけると、陛下は「そうね、すやすやとね」と答え、お二人とも優しい親の顔になられていました。

両陛下が医師や看護師ら一人ひとりに丁寧にお礼を伝え、その時、雅子さまがおっしゃったお言葉に、堤医師は感激したと言います。

ご懐妊から出産までの道のりを振り返って、雅子さまがおっしゃったお言葉は、意外にも「楽しかったです」というお言葉でした。雅子さまがそうおっしゃった意味とは？　堤医師はこのように解説してくれました。

「待ち望んでいたご出産でした。雅子さまは十分に予習もして備えていたので、思った以上にスムーズに進み、愛子さまがお生まれになりました。余裕を持って産んでいらっしゃるので、すぐにお元気になって授乳もして、お世話も自分でなさり、その全体が楽しかったということだと思います」

これまで堤医師は出産を経験した人から「金輪際、結構です」や「もうこりごりです」と言われたことがあったそうです。それほど出産は想像を絶する痛みで、二度と嫌だと言うのが一般的です。

しかし、雅子さまのご出産を担当して以来、堤医師は考え方が変わり、今では「楽しい出産」を心がけるようになったそうです。

「当時は出産を『楽しかった』とおっしゃる人は、ほとんどいませんでした。雅子さまは事前に予習をなさって、私から説明を受けた通りに、体操や骨盤を開くストレッチもやっていただいていました。だから、三十七歳で赤ちゃんが産道からスムーズに出てきて、楽しいご出産がお出来になったのです」

自ら出産について入念に勉強された、雅子さま。楽しいご出産となったのは、妊婦健診から出産まで寄り添い、支えてこられた陛下の存在も大きかったことでしょう。

雅子さまは出産の時に感じたことを、このように話されています。

「生まれたての子供の生きる力というのを目の当たりにいたしまして、子供っていうのは、変な言い方ですけれども、本当に生きるために、そして、親に愛されるべくして生まれてくるんだということを強く感じました。この懐妊の期間、そして出産に至るまで皇太子殿下には、その過程をすべて共有してくださって、近くで私を励まし、支え続けてくださったことに心から感謝を申し上げております」（平成十四年、愛子さまご誕生記者会見）

雅子さまのおかげで楽しい出産に立ち会えて、幸せな産婦人科医にならせてもらったと語る堤医師。また、こんな楽しみも感じているそうです。

「愛子さまは聡明でいらっしゃり、学習院女子中等科を卒業するにあたって書かれた『世界の平和を願って』と題した作文は、持って生まれた感性をお持ちでないと書けないものです。自分が取り上げた子どもの成長や活躍を知るのは、大変嬉しいものです」

雅子さまが実践された「楽しい出産」が広がっていけば、多くの家族に笑顔をもたらし、日本の社会全体にも大きな貢献となることでしょう。

家族愛を奏でるハープの調べ

——長澤真澄（ハープ奏者）

長澤真澄（ながさわ　ますみ）
東京都生まれ。ハープを渡邊萬里、桑島すみれに師事し、十七歳でオランダのフィア・ベルグハウトの元に留学。マーストリヒト音楽院を最高点で卒業し、さらに特別賞を受ける。日本では音楽新聞社主催村松賞音楽部門大賞受賞。アイリッシュハープ、箜篌《くご》も演奏する。イギリスのリーズ大学より博士号を取得。数多くのＣＤをリリースし、現在演奏活動の他、マーストリヒト音楽院ハープ科教授。

雅子さまが体調を崩し、療養生活に入られたのは、平成十五年十二月四日のことでした。その日から約十か月後、東宮御所の私的な部屋で、雅子さまと愛子さまが楽しそうに一台のハープに触れている映像が公開されました。

お二人の傍には、愛子さまと笑顔で話されている一人の女性の姿も。この女性こそ、オランダ・アムステルダム在住の世界的ハーピスト、長澤真澄さんです。

長澤さんがハープを始めたのは十二歳の時。ケルト音楽が大好きだった、外交官のお父さまの強い勧めによるものだったそうです。

ハープは世界最古の楽器と言われ、その音色は軽やかで心地よく、自然に優しい気持ちにさせてくれます。近年の研究によれば、ハープの音色には「f分の一のゆらぎ」と呼ばれるリラックス効果があることが分かってきました。

「f分の一のゆらぎ」とは、同一のリズムではなく、不規則なゆらぎを伴った音のことを指し、例えば、小雨の降る音や小川のせせらぎ、遠くから聞こえる波の音など、聞くことで心が解きほぐされる独特の音の世界です。ハープの音色にも、それらの自然音と同様、「f分の一のゆらぎ」が含まれ、近年、音楽療法の場でも積極的に活用されています。

この日、長澤さんが雅子さまから招かれて東宮御所を訪れたのも、きっとハープの温かく優しい音色から癒しを得たいとの思いからだったのでしょう。

振り返れば、上皇后・美智子さまが平成五年に倒れられ、お言葉を発することができなくなる失声症を発症。当時、突如として沸き上がった美智子さまへのバッシング報道が、その要因と言われました。

この時、旧知のピアニスト舘野泉《たてのいずみ》氏が赤坂御所に招かれ、美智子さまや上皇さま、紀宮さまの前で演奏したことがひとつのきっかけとなって、回復へと繋がっていきました。長澤さんが招かれたのも、同じような理由からだったのではないでしょうか。

美智子さまの例をあげるまでもなく、皇室の一員であることの重圧は、雅子さまにとっても例外ではありませんでした。雅子さまが帯状疱疹を発症し、公務を休まれて長期の療養に入られたのは、愛子さまご誕生から二年後のことでした。

翌平成十六年五月、当時皇太子だった天皇陛下は、訪欧を前にした記者会見で異例のお言葉を発せられたのです。

「今回の外国訪問については、私も雅子も是非二人で各国を訪問できればと考えておりましたけれども、雅子の健康の回復が十分ではなく、お医者様とも相談して，私が単独で行くこととなりました。（中略）雅子にはこの十年、自分を一生懸命、皇室の環境に適応させようと思いつつ努力してきましたが、私が見るところ、そのことで疲れ切ってしまっているように見えます。それまでの雅子のキャリアや、そのことに基づいた雅子の人格を否定するような動きがあったことも事実です」

このご発言は「人格否定発言」と呼ばれ、賛否両論の大きな反響を呼びました。陛下は、なぜここまで具体的に話されたのでしょうか？

それはご婚約内定記者会見で雅子さまが語られた、陛下のプロポーズのお言葉に隠されているように思います。雅子さまは、会見でこう話されていました。

「私に対して、『皇室に入られるということには、いろいろな不安や心配がおありでしょうけれども、雅子さんのことは僕が一生全力でお守りしますから』というふうにおっしゃってくださいました」

まさに陛下は、プロポーズの際の「雅子さんを全力で守る」という約束を、誠実に果たそうと考えてのご発言だったのでしょう。

やがて、この年の七月、医師団は雅子さまの病状を「適応障害」であると公表しました。不特定多数の視線に囲まれる日々、そして事実に反する捏造ともいえる心ない報道の数々。それらがいつしか重圧に変化し、雅子さまの心は悲鳴をあげていったのではないでしょうか。まさに美智子さまがお倒れになった時と、同じような状況だったのだろうと拝察いたします。

その後、雅子さまのお姿を目にする機会は、極端に少なくなりました。雅子さまは一体どうされているのか。次第に高まる国民の心配の声に応えるように、その年の九月、冒頭の映像が公開されたのでした。

映像には、ハープの何本もの弦を長澤さんが掌で触れると、愛子さまも見様見真似で同じように触れて、無邪気にはしゃぐご様子が映っていました。そして、すぐ近くには愛子さまに優しく寄り添う雅子さまのお姿も。

さらに映像は、長澤さんと一緒に愛子さまが御所内の階段を楽しそうに一段ずつ上る場面や、雅子さまと愛子さまがハープの音色に合わせて、手を繋いで踊るご様子もとらえていました。

この日のことを長澤さんに伺ったところ、今も詳細に記憶していました。

「日本でコンサートがあり、来日中のタイミングをご存じだったのでしょう。宮内庁から私のもとに電話が入りました。『雅子さまにハープを聞かせていただけませんか』と言われ、伺うことになったのです。そこで、どんなハープをお持ちしようかといろいろ考えたのですが、今回は私の特にお気に入りの一八二〇年代、ベートーベン時代のハープを持参することにしました」

当日は御所から大型のワゴン車が迎えにきて、ハープを職員の方たち数人が丁寧に運んでくれたとか。東宮御所に到着し、最初に通された部屋でしばらく待っていると、侍従の方がやって来て別の部屋に案内されました。長澤さんがハープとともに移動すると、雅子さまと愛子さまがお出ましになられたと言います。

「愛子さまは初めて間近で見たハープに、驚いて目を丸くされていました。興味津々のようでしたが遠慮されたのか、すぐには近寄りません。私は子どもが大好きなので、愛子さまが普段のように変わりなく接してくだされば嬉しいと思ったのです」

そこで長澤さんは、ハープをもっとお近くでご覧になれるよう、笑顔で話しかけました。

「愛子さま、もう少しお近くでハープをご覧になる？」

すると雅子さまが、

「それでは、近くで見せていただきましょうか？」

と声をかけられると、愛子さまが恐る恐るハープに近寄られました。

「ほら見て、弦がね、おそばみたいでしょ？」

と長澤さんが話しかけながら、弦の表面を手で滑らせて触って見せました。

「触れてみてもいいのよ」

すると愛子さまはご自分でハープの弦に触れて、あふれんばかりの笑顔に。弦から音が出るのが面白いと感じたようでした。

「ちゅるちゅるってするでしょう？」

長澤さんが別の弦を鳴らすと、愛子さまも楽しそうにハープを触れられました。この時、愛子さまは長澤さんと初対面でしたが、一気に抵抗感がなくなって安心した表情になられました。そのような自然な愛子さまのご様子を、雅子さまも微笑みながら見守っていらっしゃったのです。

この日、長澤さんがハープで演奏した曲は、ジャン・ジャック・ルソーが作曲した『結んで開いて』の変奏曲。童謡としても親しまれているので、愛子さまに喜んでいただきたいと思ってこの曲を選びました。

演奏の前に雅子さまが、「静かに聞きましょうね」と話しかけると、愛子さまはおとなしく座って曲を聞かれたそうです。その時のご様子を、長澤さんは印象深く覚えていると言います。

「雅子さまが『聞きなさい』と愛子さまにおっしゃるのではなく、『聞きましょうね』と優しく語りかけられたことをよく覚えています。子どもと一緒に参加するように心を配り、愛情を持って子育てをされていることが伝わってきました」

一般的に親は子どもに対して「これをしちゃダメ」「何々をしなさい」と窘《たしな》めることが多いものですが、雅子さまは愛子さまに何かを命じるようなことは、一言も口にされなかったとか。雅子さまは子ども一人ひとりに個性があることを理解し、その小さな意思を尊重しようとされているのではと、長澤さんは言います。

当時、愛子さまは二歳でした。まだ小さいのに言われたことを守って、黙って聞いていらっしゃったことにも長澤さんは感心しました。

この日は他にも、『きらきら星』を演奏し、雅子さまも愛子さまもとても楽しそうにしていらっしゃったそうです。

「この時、雅子さまと愛子さまが曲に合わせて一緒に踊られたご様子が、大変印象的でした。親子で手を合わせて、本当に楽しそうでいらっしゃいました。こういう雰囲気の中で育っていらっしゃるのだと、ご家族の温もりを感じたシーンでした」

また、愛子さまは階段の上り下りが得意なようで、はしゃいで見せてくださったそうです。

ハープの演奏以外にも、長澤さんはぬいぐるみの指人形を持って行き、お話を作りながらハープの共鳴胴の中にぬいぐるみを入れたり出したりして、愛子さまと遊んだと言います。

さらに帰る前には、「弦におリボンをつけてみましょうか?」と、愛子さまと一緒に、赤や黄色のリボンを結びました。

「愛子さまのご様子を見て、雅子さまも自然と笑顔になられていました。雅子さまは愛子さまのことをよくご覧になっていて、時々、そっと寄り添うように『ほら、ぬいぐるみがハープから顔を覗かせているわね』『リボンがきれいね』とお声をかけられて、愛子さまへの母としての慈しみの思いが感じられました」

長澤さんにとっても、また雅子さまや愛子さまにとっても、楽しく忘れられない一日となったことでしょう。


ハーピストの長澤さんが雅子さまと初めてお会いしたのは、昭和六十二年四月、サントリーホールで行われたリサイタルでした。当時、雅子さまは外交官試験に合格し、外務省に入省されたばかり。

実は長澤さんのお母さまが、外交官の子女を預かる「外務省子弟育英寮」の寮母を務めていたことがあり、その時期、雅子さまの双子の妹の、礼子さんと節子さんが寮で暮らしていました。外交官が海外赴任する際、夫婦で赴くことが多いため、その子女たちは進学の都合などで日本に残る場合もありました。そのため、外務省では子どもたちが安心して暮らせる子弟育英寮を独自に運営していたのです。

雅子さまは三人姉妹の長女。妹さんたちは双子。偶然にも長澤さんも三人姉妹で、妹さん二人も双子。お父さまも外交官という同じ家族形態でした。そこに親近感がわいたのか、長澤さんと雅子さまのお母さま同士が交流を深めていたのです。そのご縁から長澤さんのリサイタルを知った雅子さまが、訪ねてこられたのでしょう。

リサイタルの後、雅子さまは楽屋を訪ねてこられました。その時のご様子を長澤さんは、こう語ります。

「雅子さまは、大きな黄色いバラの花束を持ってきてくださいました。彼女が現れた瞬間、周りがパッと華やいだ明るさに満たされ、そこにいらっしゃるだけで気持ちのいい方だと思いました。今でも雅子さまのニッコリされた笑顔は素晴らしいですよね。当時から笑顔が素敵でいらっしゃいました」

外交官としての道を歩み始めた雅子さまは、透明感のあるハープの音色に耳を傾けながら、これからの未来に大いなる希望を感じられていたのではないでしょうか。初めて出会ったこのリサイタルから、約二十年後の東宮御所での再会は、雅子さまが長澤さんのハープの音色をずっと心に留められていたことの証しでもありました。

平成十八年、愛子さまが四歳になられた頃、再び宮内庁からお招きの連絡が入りました。この時は雅子さまに喜んでいただこうと、日本で唯一のハープ専門メーカー、青山ハープの「プリンセスさくら」を持って東宮御所に伺いました。すると、雅子さまや愛子さまとともに、陛下もご一緒にお出迎えしてくださったそうです。

長澤さんが案内されたのは、庭に面した応接間でした。愛子さまは、庭に出ては元気に駆け回り、珍しい虫を見つけたのか、手の中に入れて陛下の傍に駆け寄りました。

「愛子さまは『パパ、ママ』とおっしゃって、ご両親の側へ。きっと捕まえた虫を私に見せてもよいのか、確認されたかったのだと思います。そんな愛子さまの気持ちを察して、陛下が『見せてあげなさいね』とおっしゃると、黙って私に見せてくださいました。自分から見せたいのだけれど、少しはにかんで恥ずかしいような感じでした」

その時、何という虫だったのかは、長澤さんはよく覚えていないそうですが、陛下と雅子さまは、そんな愛子さまの様子をご覧になって目を細めていらっしゃったとか。

「虫の名前を、愛子はたくさん知っているよね?」

と陛下が雅子さまに尋ねると、雅子さまは、

「そうですね、虫が好きですから愛子は」

とおっしゃり、愛子さまを真ん中にした心通わせるご一家の愛情に触れ、長澤さんはとても温かな気持ちになったと話します。

「途中で家族の一員である愛犬のピッピも加わり、ご一家と写真を撮らせていただきました。両陛下の仲睦まじさと、深い愛情のもとでお育ちになられている愛子さまの純真さに

触れて、素敵なご家族の情景に包まれながら、私のほうがむしろ癒されたような感じでした」

長澤さんと天皇ご一家（当時は皇太子ご一家）との交流が深まったその年の七月、長澤さんは東京芸術劇場でモーツァルト生誕二百五十年記念企画として開催されたコンサートで、フルートとハープの協奏曲を演奏しました。このコンサートに陛下と雅子さまが来場し、楽屋にもいらっしゃいました。

その翌月、天皇ご一家はオランダのベアトリックス女王の招待で、二週間にわたるご静養に出発。ご一家が滞在されたのは、首都アムステルダムから東に約八十キロのアペルドールン市にある、王室の狩猟用の館「ヘット・アウデ・ロー」でした。長澤さんは現地のニュースでご静養を知り、森と湖に囲まれた静かな場所で、少しでも雅子さまがゆっくり休まれてオランダを楽しまれることを、心から祈りました。

そしてオランダから帰国後、三度目となる御所へのお招きがありました。今度は「陛下と一緒に演奏しませんか?」という、嬉しいお誘いでした。

長澤さんはグランド・ハープを携えて、東宮御所へ。緊張しつつも、ヴィオラを奏でる陛下と演奏した曲は、バッハの『G線上のアリア』『シチリアーノ』、シャルル・グノーのクラシックの名曲などでした。

演奏している間、雅子さまはじっとお二人の演奏に耳を傾け、ハープとヴィオラの見事なハーモニーを堪能されていたご様子だったとか。愛子さまも、素敵な二重奏の音色に心をときめかせていらっしゃったのではないでしょうか。

東宮御所で開かれたこの日の小さな演奏会で、長澤さんが記憶に残っている出来事がありました。それは雅子さまと陛下が会話される時のやりとりでした。

「あの会は素晴らしかったですね」

「ええ、とても素晴らしかったです」

と陛下と雅子さまの思い出がぴったり一致している会話が常に交わされ、それがとても自然に相槌を打つような阿吽《あうん》の呼吸だったと言います。陛下はいつも穏やかにお話しになられ、雅子さまの心を包み込むような、大きな包容力にあふれていました。

実は長澤さんは、陛下とも不思議なご縁があります。平成三十年十二月に、イギリスのリーズ大学で十八〜十九世紀のハープ奏法の博士号（Ph.D.）を取得した際、指導役の教授となったのが音楽学者のクライブ・ブラウン先生でした。

ある日、ブラウン先生から、「プリンス・ナルヒトとコンタクトはありますか？」と聞かれて、長澤さんは思わず「私はプリンセス・マサコと知り合いなんです」と、答えたと言います。

なぜブラウン先生は陛下のことをご存じなのか、長澤さんが尋ねると、意外な事実を話してくれました。なんと偶然にも、ブラウン先生は陛下とオックスフォード大学時代に交流があり、留学時代の思い出を綴られた著書『テムズとともに』には、「B博士」として登場していたのです。ブラウン先生は今でも文通をしているそうで、長澤さんは陛下との意外な結びつきに嬉しくなりました。


平成二十五年には、陛下と雅子さまが、ベアトリックス女王の退位に伴う、オランダ国王の即位式に出席されました。新国王となったのは、ウィィレム・アレキサンダー皇太子で、大の親日家としても知られ、一九八八年以降、実に十四回も来日しているほど。陛下や雅子さまとも、皇太子時代から親密に交流しています。

この時、雅子さまの外国公式訪問は十一年ぶりとあって、内外の大きな注目を集めました。即位式の後、陛下は長澤さんを含むオランダ在住の日本人二十七人と懇談し、皆さんと順番に握手をされました。久しぶりにお会いした陛下は、長澤さんの近況を尋ねられ、再会を喜びました。しかし、雅子さまはご体調を考慮し、その場には姿をお見せになることはありませんでした。

するると、侍従の方が長澤さんの側に近づいて、

「妃殿下は、今お休みになっていらっしゃるのですが、長澤さんにお会いになりたいとおっしゃっています。お時間はいかがでしょうか？」

と言われ、雅子さまの外務省時代の先輩で、オランダのハーグにある国際司法裁判所判事の尾崎久仁子さんと一緒に、部屋に案内されました。雅子さまとは、およそ七年ぶりの再会。以前と変わらない、周囲を華やかにする笑顔で迎えてくださいました。

その時の会話は、アレキサンダー国王のお嬢さんたちが可愛らしかったことや、素晴らしいお天気に恵まれたこと、即位式の後に行われた水上パレードなどの話で、和やかな時を過ごしたとか。そして、音楽の話題となり、雅子さまが「愛子がチェロを始めたんですよ」と本当に嬉しそうに語られたそうです。

音楽好きのご一家だけに、愛子さまのチェロもすぐに上達し、オール学習院大合同演奏会などにもご参加。平成二十六年の同演奏会では陛下と共演もされています。

その後、愛子さまも健やかに成長され、また雅子さまも令和の時代となって、皇后とい

う お立場になられました。

心を癒すハープの演奏家・長澤さんの、雅子さまとの交流は三十年以上にも及びます。日本が令和の時代になったことは、長澤さんが暮らすアムステルダムでも大きく報じられました。日本を離れ、国際人として世界中を駆け巡る長澤さんにとって、雅子さまは同じ日本人の女性としてとても誇りに思えると振り返ります。

「聡明で社会に目を向けていらっしゃる方で、何といっても語学がお出来になるのは、これからの時代、必要なことでしょう。雅子さまは、英語、フランス語、ドイツ語、ロシア語に堪能だとお伺いしています。海外のどなたとも、直接お話しになられるのは素晴らしいと思います。あのチャーミングな笑顔でぜひ世界中を魅了してほしいですね」

楽器の女王と呼ばれるグランド・ハープには、四十七本の弦が張られています。それを両手の指でつま弾くと、たちまち抒情的な響きがその周りに満ちていきます。

雅子さまの皇后としての存在も、ハープの弦をそっとつま弾いた時の響きのように、静かに、しかし確かな慈しみあふれる優しさに包まれているように思えてなりません。

那須とどうぶつと夏休み

——鈴木和也（那須どうぶつ王国総支配人）

鈴木和也（すずき　かずや）
昭和三十六年、青森県生まれ。東京のホテルチェーンに入社して四年後、那須の自然に魅せられて移住。平成十八年、那須どうぶつ王国の立ち上げに携わり、総支配人に就任。その手腕が評価され、神戸どうぶつ王国の総支配人も務めている。地元の自転車イベントの大会副会長を務めるなど大の自転車好き。

天皇ご一家は、即位後の令和元年八月、ご静養のため那須を訪れました。

ご一家が夏のひとときを那須で過ごすのは恒例となっていますが、この年は天皇皇后両陛下となられて初めてのご静養です。那須塩原駅ではお出迎えに、例年よりも大勢の人々が集まっていました。そんな地元の人々の温かい歓迎を受けて、ご一家は到着時の触れ合い時間を大幅に延長し、お声をかけておられました。

都心からほど近い避暑地として知られる栃木県那須町は、豊かな自然を堪能できる、風光明媚な場所です。季節ごとの美しさを織りなす、那須の雄大な山々。そのやすらぎに満ちた風景は、訪れた人々を魅了し心を癒やしてくれる人気の観光スポットです。

皇室の方々がご静養される那須御用邸は、大正十五年に造られました。昭和天皇と香淳《こうじゅん》皇后は、毎年夏になると那須御用邸を訪れ、自然豊かなこの地をこよなく愛していらっしゃいました。上皇ご夫妻も皇太子同妃時代から、お子さまたちとともに夏の那須でのご静養を楽しまれたので、子ども時代の陛下にとって、夏休みの思い出が刻まれた場所なのではないでしょうか。

雅子さまと結婚されて四年目、お二人で那須茶臼岳を登られた時の思い出を、陛下は山岳専門誌「岳人」にこう綴られています。

「『東京からこれだけ近いところにこんなに紅葉のきれいなところがあるなんて』と雅子が驚いたように口にした。私自身、山歩きを始めてかなりの年数が経つが、これほどすばらしい紅葉を目にしたのは初めてであった」

その後も、両陛下は幾度も那須に足を運び、結婚八年目、雅子さまが歌会始で詠まれたお歌には、那須での思い出が綴られていたのです。

「君とゆく　那須の花野に　あたらしき秋草の名を　知りてうれしき」（平成十三年、歌会始）

陛下と登った那須の山で初めて目にする秋の植物に触れた喜びの中に、ご夫婦の愛情が感じられるお歌です。この歌会始から四か月後、雅子さまのご懐妊が正式に発表されました。

平成十三年十二月一日、愛子さまがご誕生。愛子さまのお印は、両陛下が「この純白の花のような純真な心を持った子どもに育ってほしい」と願いを込め、那須に咲く花、ゴヨウツツジとなったのです。それだけお二人は、那須への深い親しみを抱いていらっしゃったのではないでしょうか。

そして、愛子さまは生後五か月の時、初めて那須を訪れました。新幹線でのご旅行もこれが初めてでした。両陛下は到着された翌日、愛子さまを抱いて人気の観光名所のひとつ、南ヶ丘牧場へ出かけられました。

南ヶ丘牧場では、ウマやロバ、ウサギ、ヤギなど直接動物たちと触れ合える広場が設けられています。愛子さまはウサギをご覧になったのですが、その時、触ろうとして伸ばされた手がウサギに思いがけず当たってしまい、その様子が可愛らしく、周囲の人々を笑いに包みました。このシーンはテレビでも何度も放送され、幼かった愛子さまの動物好きを物語るエピソードとして今も紹介されています。

平成十八年、動物と触れ合えるテーマパークとして、「那須どうぶつ王国」がリニューアル・オープンしました。天皇ご一家は、陛下も雅子さまも、そして愛子さまも、動物が大好きでいらっしゃいます。那須でのご静養の際には、ほぼ毎年のようにこの施設を訪れ、

平成14年、ご静養のため那須塩原駅に到着された天皇ご一家。
(提供=政喜屋酒店　小泉章一)

たっぷり一日中お過ごしになられているとか。

ご一家にとって「那須どうぶつ王国」は、心から寛げるお気に入りの場所なのかもしれません。

今ではすっかり顔なじみとなっている、案内役の総支配人・鈴木和也さんは、「まさか毎年、お越しになってくださるとは思っていませんでした」と、ご一家との交流のエピソードを語ってくれました。


平成十八年、最初のご訪問の時は、愛子さまはまだ幼稚園生。小さな愛子さまと雅子さまが手を繋いで、陛下と三人、園内の施設を回られました。しかし、大勢の入園者がいるため、どこに行っても長蛇の列でした。鈴木さんたち関係者は優先的に入れるよう手配しようとしたのですが、雅子さまは「私たちも並びます」とおっしゃり、そのまま後ろに並ばれたのです。まだ幼かった愛子さまが順番通りに並ばずに列の中に入って行かれた時も、雅子さまは「順番ですよ」とおっしゃり、きちんと並ぶように教えていたとか。

列にいた人々は天皇ご一家に気づき、とても驚いていたそうです。一般の人たちから声をかけられると、ご一家は気さくに「楽しいですよね」「動物が好きなんです」などと答えられ、ご家族での訪問を心から楽しんでいらっしゃるようだったと言います。

最初の頃は愛子さまの好奇心の赴くまま、興味のある動物、触りたい動物を訪ねられていました。両陛下はそんな愛子さまに合わせ、後ろからついて行かれるような雰囲気だったとか。したがって「那須どうぶつ王国」のほうで事前に予定は組むのですが、ほとんど予定通りにはいくことはありませんでした。

たとえば、幼い頃の愛子さまはウサギがお好きだったので、ウサギのところで十五分くらいと予定を組んでいても、一時間とどまることもあったと言います。

「ご一家で楽しそうにされているので、そろそろ他に移りましょうと提案する雰囲気でもありませんでした。陛下も雅子さまも、愛子さまに合わせて行動なさっていました。そのご様子が微笑ましく、両陛下の愛子さまへの愛情が伝わってきましたね」

と語る総支配人の鈴木さんにとって、最初にご一家が訪れた当時は「那須どうぶつ王国」の再建という重大任務を、両肩にずしりと背負う日々でもありました。

「那須どうぶつ王国」は、平成十年に動物研究家のムツゴロウさんこと、畑正憲《はたまさのり》さんと大手商社が業務提携してオープン。同時に鈴木さんも働き出しました。しかし、次第に経営が厳しくなり、やがて大手商社が撤退し、親会社の変更に伴って経営体制も刷新。鈴木さんは支配人に抜擢され、経営改善の最前線に立たされました。

入場者を増やして収益を高めるには、どうすればいいのか、試行錯誤の連続でした。ここには獰猛な肉食動物はほとんどおらず、おとなしい草食動物や小型動物、鳥類が中心です。そこでオリや囲いをできるだけ外して、入園者と動物が直に接したり、身近に観察することを可能にしていったのです。また那須はオオタカやクマタカなど猛禽類の有数の生息地でもあるため、恵まれた自然環境を活かし、「バードパフォーマンスショー」を事業の中心に据えました。

そんな時に訪問された天皇ご一家は、再建途上の渦中にあった鈴木さんに、大きな勇気を与えてくれました。

「事業再生した年から天皇ご一家がお越しくださって、本当にありがたかったです。新しい体制の中で、会社の成長とオーバーラップして、天皇ご一家の存在は『おもてなし』の大きな原動力になっていました。『今年もいらしてくださるのだから、頑張ろう』という思いは、私だけでなく、他のスタッフも同じだったと思います」

那須どうぶつ王国は、「王国タウン」と「王国ファーム」の二つのエリアに分かれており、広さは東京ドームの約十三個分。「ふれあいドッグパーク」「ワンニャンリビング」、ヒツジやカンガルーへのエサやりなど、子どもが直接動物と触れ合えるコーナーも充実しています。

平成十九年のご訪問では、当初、予定にはなかった雅子さまの、楽しい挑戦エピソードが残されています。

それはラクダのライドパークを訪れた折のことでした。雅子さまは、目の前のフタコブラクダをご覧になりながら、自ら「ラクダに乗りたいです」とおっしゃったのです。

このお言葉にお付きの侍従さんや警護の人たちは、「えっ?」と驚きました。このパークではラクダに乗ることができ、事故も一切ありませんでしたが、万が一の可能性がないとは言い切れません。当日はラクダに乗る予定もありませんでした。しかし、雅子さまは楽しそうなご様子で、ラクダに乗るための台に上がると、颯爽とラクダの二つあるコブの間にまたがったのです。

途中、スタッフが写真撮影のためにラクダを止めた際には、雅子さまが弾けるような笑顔で手を振られる場面もあったとか。

雅子さまの次には、愛子さまがお一人で乗られ、まだ身体が小さいためラクダのコブにお姿が隠れそうだったと言います。

続いて陛下もラクダに乗り、「皆さん、楽しんでいらっしゃいますか？」とお声をかける場面もありました。順番にご家族三人で楽しまれたのです。

どうぶつ王国では、百円玉をガチャガチャに入れて、動物たちのエサを購入します。愛子さまが生まれて初めてガチャガチャを経験されたのが、このエサやり販売機でした。一回やると嬉しそうにはしゃぎ、楽しくて何回も繰り返しているうちに、小銭が足りなくなってしまったとか。

ウマにエサをあげる時は、ガチャガチャで購入したエサをフライパンに入れ、口元にそっと持っていくと、喜んで食べてくれます。そこで雅子さまは、愛子さまに馬が美味しそうにエサを食べる様子を見せてあげようと、片手でフライパンをお持ちになってウマに差し出したのですが、そのお姿を見て、どうぶつ王国の副社長が声をかけました。

「雅子さま、フライパンがとてもお似合いでいらっしゃいます」

と感想を伝えると、雅子さまは大笑いされておられたとか。

鈴木さんはその時のことを、こう話します。

「大笑いされた雅子さまのご様子から、ご一家で楽しもうというお気持ちが感じられました。公の場とは違う、本当にリラックスされた場面でしたから、フライパンのことを指摘され、とてもおかしかったのでしょう。普段、そんなことを言う人はおそらくいらっしゃらないでしょうから。それだけ、那須では心を許せる人たちとご一緒におられて、楽しいひとときを過ごされているんだなと思いました」

「那須どうぶつ王国」は、雅子さまにとって、心が解放される特別な空間なのかもしれません。

またどうぶつ王国では、動物たちによるショーやパフォーマンスを毎日開催し、動物本来の能力や知能の高さを間近で見ることができます。

「バードパフォーマンスショー」は、タカ、フクロウ、ミミズクなどの猛禽類が森の中から客席に向かって飛んでくる、迫力満点の空中エンターテインメントです。「ザ・キャッツ」は、障害物競走や輪くぐりなど、猫本来の能力の高さを楽しく体感でき、「アクアフレンズ」はミナミアメリカオットセイが得意技を披露するショーです。どうぶつ王国で繰り広げられる、それらのショーを、ご一家はすべてご覧になっているそうです。

雅子さまのお好きなショーを、鈴木さんに聞きました。

「私の個人的な感覚ですと、雅子さまが特に興味を示されたのは、アクアフレンズというオットセイのショーです。オットセイと一緒に水難救助犬のゴールデンレトリバーも一緒に泳ぐんです。高原にある動物園なので意外性もあるのでしょう。雅子さまは随分と質問をされていました」

いつもご一家の中で積極的に質問をされるのは雅子さまだと、鈴木さんは言います。動物に関して表面的なことでなく専門的な質問もされ、隣にいらっしゃる陛下が、雅子さまの質問に頷いては、相槌を打っていらっしゃることもあるそうです。

「那須どうぶつ王国」を訪問されるようになって三年目くらいから、愛子さまのご学友と父兄の皆さんと一緒にお越しになるようになりました。

「愛子さまのご学友の方々にご父兄を加えると、大体十数名の方においでいただいています。その時は雅子さまも、お母さまたちと楽しそうにされていますね。普通のママ友の方たちが集まって、楽しそうに話をしている感じでした」

一方、どうぶつ王国での陛下のご様子について、鈴木さんはこう話します。

「陛下は常にカメラを持っていらっしゃって、最初の年からですが、常に雅子さまと愛子さまの写真を撮っていらっしゃるんです。ともすると、陛下のお写真がなくなってしまうので、陛下にお声をかけて『私どもで撮りますよ』と申し出て、ご一家三人の写真をカメラに収めるようにしていただいています。本当にマイホームパパで、自然体でいらっしゃいます。雅子さまと愛子さまのナイスショットを撮ろうと、いつもカメラをお持ちでいらっしゃるんです」

ご一家は、ご学友の家族の方たちとともに開園と同時にお越しになり、暗くなるまで楽しんでいらっしゃるとか。ちょうど日没の時間帯は、空と大地が一緒になったような絶景の中に夕日が沈んでいきます。心地よい疲れの中で、天皇ご一家やご学友の皆さんも、充実した一日に満足され、帰途についていきます。

毎回、お帰りになる際には、雅子さまが「来年もよろしくお願いします」とおっしゃるとか。その言葉をかけられるたび、鈴木さんは、感謝の気持ちで深々と頭を下げてお見送りすると話します。

「ご一家が朝早くから暗くなるまで、丸一日いらっしゃってくださることは何より嬉しく、会社としても頑張っていこうという意識でお迎えしてきました。事業再生時は客数十八万人で赤字だった経営状態が、平成二十二年には過去最高の五十万人まで改善することができたのも、スタッフの頑張りもありますが、天皇ご一家に来ていただいたことが大きかったと思います」

しかし、順調に業績もあがってきた矢先、平成二十三年の東日本大震災によって、北関東以北を訪れる観光客が激減し、どうぶつ王国も事業再生時にせまる二十万人に減少してしまったのです。

そんな中で皇室は、東日本大震災で避難所生活を送る人に対して那須御用邸の浴場を開放し、皇室の方々の食べ物を生産する御料牧場も、被災者に卵や缶詰などを提供すると発表しました。まさに非常事態への対応が、皇室でも行われていたのです。

そうした報道に接し、鈴木さんは、「今年はご一家もお越しにならないのではないか」と心配していたそうですが、それは杞憂に終わりました。

平成二十三年八月、天皇ご一家はいつもどおり那須で静養されることになり、どうぶつ王国にも足を運んでくださいました。鈴木さんが食や自転車のイベントなど、震災後に民間と那須町が一体になった地域の取り組みを説明したところ、ご一家はとても熱心にお聞きになっておられたとか。風評被害で観光客が激減したことを、おそらく陛下も雅子さまも憂慮されていたのでしょう。ご一家が那須を訪れることで、少しでも前向きな雰囲気に変わることを願ってくださっていることに、鈴木さんは感無量の思いだったと言います。

それだけ、どうぶつ王国と天皇ご一家との間に、強い信頼関係が築かれていたのです。

平成三十年には、こんな偶然が待っていました。

どうぶつ王国の園長・佐藤哲也さんと鈴木さんが仕事で名古屋に出張した帰り、東京駅で那須塩原駅行きの新幹線に乗り換えることになりました。

ところが東北新幹線のホームは急に警備の人が多くなり、騒然としていました。聞けば佐藤園長と鈴木さんが乗ろうとした同じ新幹線で、天皇ご一家も那須へご静養に出発されるところだったのです。ホームは規制され、警備のために入れなくなっていたのですが、なんと天皇ご一家が二人を見つけ、「佐藤さーん、鈴木さーん！」と両陛下が名前を呼び、歩いてこられたのです。

警備の人たちが「あれは誰なんだ⁉」と驚いて唖然とする中、佐藤園長と鈴木さんは両陛下としばらくホームで立ち話をしたそうです。その数日後、天皇ご一家がどうぶつ王国に来られた時、陛下はすぐに、「鈴木さん、駅でも会いましたね」と、ニコニコして話してくださったとか。

動物を通して天皇ご一家と親しく交流する鈴木さんは、雅子さまについて、こんな印象を語ってくれました。

「とにかく明るい方です。ユーモアがあって、いつも周りを盛り上げる雰囲気を作ってくださいます。笑顔がとても似合う方なので、動物の無邪気な姿を目にすれば、無条件で笑顔になれますし、私どもはご一家に笑顔がこぼれるお手伝いをさせていただきたいと思っています」

平成三十年の夏、翌年のご即位を控え、どうぶつ王国の誰もが「これからは、毎年いらっしゃるのは難しいかな」と話していました。しかし、お帰りの際、佐藤園長が「来年もぜひお越しください」と伝えると、陛下が「来年もまいります」と即答されたと言います。その約束は本当に実現されたのでした。

令和元年、那須どうぶつ王国では、世界最古の猫と言われる、マヌルネコの赤ちゃんが生まれ、日本初の人工保育にも挑戦。ご一家は、「どうぶつ王国」の新しい家族となったマヌルネコの赤ちゃんに出会うことを楽しみに訪れました。

また、環境保全とその重要性の啓発のため、日本固有種保護を目的に設けられた、園内の「保全の森」では、環境省の保護増殖事業の一環として公開されているライチョウに、両陛下は興味を示し積極的に質問されていました。

天皇皇后になられても、動物たちの屈託のない元気な姿に触れることで、陛下も雅子さまも、そして愛子さまも、心から笑ってご家族の絆を深められています。

那須でのご静養は、これからも高原の青空へ、ご家族の思い出を映していくことでしょう。

青春はハーバード大学とともに

――猪口邦子（参議院議員）

猪口邦子（いのぐち　くにこ）
昭和二十七年、千葉県生まれ。上智大学外国語学部卒業後、米国エール大学院で政治学博士号（Ph.D.）取得。ハーバード大学国際問題研究所客員研究員。上智大学法学部教授、軍縮会議日本政府代表部特命全権大使、軍縮会議（ジュネーブ）議長、国連第一回小型武器中間会合議長などを歴任。二〇〇五年より衆議院議員、初の少子化・男女共同参画担当大臣となる。二〇一〇年より参議院議員となり、現在に至る。

アメリカ北東部マサチューセッツ州ケンブリッジ。そこに一六三六年に創立され、ジョン・F・ケネディ、バラク・オバマなど八人の米国大統領や、百人以上のノーベル賞受賞者たちを輩出する、米国最古の名門大学があります。それが、伝統も教育レベルもアメリカ最高峰と言われ、世界中の政界・財界・学術界に多数の要人を送り出してきた名門中の名門大学、ハーバード大学です。

ひところＮＨＫのＥテレで放送していた、マイケル・サンデル教授による「ハーバード白熱教室」をご記憶の方もいらっしゃるのではないでしょうか。古めかしい階段式の教室で大勢の学生を前にサンデル教授が、「Justice（正義）」とは何かについて問題点を示し、議論する番組でした。ハーバード大学の学生たちは活発に自らの考えを述べ、さらに異論をぶつけ合って議論を深めていきます。

驚くべきは学生たちの知識の豊富さと、物事を多角的にとらえる思考力の深さでした。サンデル教授の鋭い質問にも、学生同士でアイディアを出し合い、最善の考えを構築していく様子は圧巻でした。「白熱教室」は、まさにハーバード大学の、学生の質の高さを明快に表していたように思います。端的に言えば、ハーバード大学に集う学生たちは世界中の優秀な若者たちから選りすぐった秀才たちであり、日々、こうした議論が当然の習慣として行われているのです。

ハーバード大学の学生数は、大学院を含めて約二万一千人。その中でアメリカ以外の国籍を有する留学生は、約十一％にも上ります。合格率は、わずか四・五％の狭き門。

実は雅子さまもこの難関を突破され、昭和五十六年、ハーバード大学経済学部に入学されたのでした。

その頃の雅子さまをよく知る方がいます。参議院議員の猪口邦子さんです。

政治家になる前は、国際政治学者として上智大学で教鞭を執っていました。夫の猪口孝氏も国際政治学者（米国マサチューセッツ工科大学政治博士。前新潟県立大学学長、東京大学名誉教授）として活躍していたことから、昭和五十八年、夫婦そろってハーバード大学国際問題研究所の客員研究員に招聘されたのでした。

その数年前には、在米日本大使館公使としてアメリカに赴任していた小和田恆《ひさし》氏が、ハーバード大学の客員教授として教壇に立っていたことから、猪口夫妻と小和田氏はかねてから面識がありました。その小和田氏のお嬢さまが在学していることは、着任当時、猪口さんはすでにご存じだったようです。猪口夫妻は、キャンパス内にあるドミトリー（教員用シェアハウス）の一室を借り、研究室・図書館・自宅が近距離に配された、研究に没頭できる環境の中で研鑽を積んでいったのです。

ハーバード大学は、キャンパス内に「Ｔｈｅ Ｈｏｕｓｅ」と呼ばれる十二の学生寮があり、当時、雅子さまは赤レンガと白い窓が優美な、ローウェルハウスで暮らしておられました。

猪口さんは小和田恆氏のお嬢さまが、どんな方なのかまだ知りませんでしたが、同じ日本人同士であり、ハーバード大学の学生ということは、優秀な女性であろうと関心を寄せていました。

そこで猪口さんは意を決し、雅子さまの寮に電話したのです。自分は何者なのかを告げ、父親の小和田氏と面識がある旨を説明し、こうお誘いしたのです。

「一緒にご夕食でもいかがですか？」

すると雅子さまは、二つ返事で快諾してくださったと言います。週末に夕食をご一緒する約束をし、猪口さんはキャンパスの外にあるエスニック料理のお店に予約を入れました。当時は今のように日本食レストランはそれほどポピュラーではなかったので、アメリカの食事ではないものを考えると、アジアのエスニック料理くらいしかなかったとか。

当時のことを猪口さんは、こう振り返ります。

「私たち夫婦は、当時は無名の細々とした研究者夫婦でしたが、雅子さまは快く私たちの誘いを受けてくださいました。ハーバードの学生は、寸暇を惜しんで勉強していますから、最初は声をおかけするのも迷惑ではないかと躊躇しましたが、よく来てくださったと思います」

キャンパス内にはカフェテリアや学食も多く、町に出なくても食事面での不便はありません。したがってハーバードの学生は、キャンパス外のレストランで食事することは、年に数えるほどしかないと言います。

レストランで、初めて対面した猪口夫妻と雅子さま。その時、猪口さんは「雅子さまは学者肌なのでは……」と感じたそうです。

「後に雅子さまが外交官になられたと知って、ああよかったなぁと思いました。外交官となられても、学者として専門分野を研究されることは可能ですから。なぜなら、初めてお会いした時、雅子さまは研究への強いご関心がありました。この方は学者志向と印象に残りましたね」

実際、雅子さまのお父さまである小和田恆氏は、外交官として活躍する一方、一九七九年から二年間、ハーバード大学法学部の客員教授を務め、実務と研究の両方に携わってきました。官僚とアカデミズムを両立させることが実際に可能なのだと、お父さま自ら証明していたのです。

猪口さんが食事をご一緒した時にも、雅子さまからは学ばれている経済に関しての話題が出たと言います。

「エスニック料理のお店で食事をしながら、経済学の話を随分としました。雅子さまは政治的なことより、経済の発展の問題にご関心がおありだったと思います。勉学に真摯に向き合い、真正面から問いかけていらっしゃいました」

当時、原子力発電を中心とする代替エネルギー導入拡大や、省エネ推進によって石油需要が低迷。これが石油価格の暴落に繋がり、世界経済にも少なからぬ影響を与えていました。石油をめぐる問題について、雅子さまは熱心に話されていたそうです。

その時の様子を猪口さんが語ってくれました。

「とても奥行きのある美しさを持った方だと思いました。ひとつひとつ噛み締めてお話しされる方だという印象を受けました。お父さまの影響なのだと思いますが、雅子さまはお話ししていても、深い反応なんです。よく考えてから会話をなさるし、学問を追究したいというお気持ちも強くお持ちでした。それにふさわしい、まっすぐな真面目さをお持ちでしたね」

猪口さんは、雅子さまの日々の研究以外に、普段の生活についても話題にしました。

「週末とかホリデイはどうやって過ごしているんですか？」

と聞いたところ、雅子さまは、

「音楽会に行っています」

と答えられたとか。また雅子さまは、独自に日本文化クラブを設立して、イベントでは『さくらさくら』など日本の名曲をピアノ演奏したり、海苔巻きやお茶を振る舞うなど、日本文化を他の学生たちに紹介する活動も行っていらっしゃったようです。

雅子さまがハーバード大学を卒業されたのは、昭和六十年。日米貿易摩擦の激化を解消するためプラザ合意が結ばれ、日本はバブル経済に突入します。雅子さまの卒業論文のテーマは、『External Adjustment to Import Price Shocks : Oil in Japanese Trade（輸入価格ショックに対する外的調節：日本の貿易における石油）』という、まさに激動の日本経済を分析するものでした。

この卒業論文は大学側に高く評価され、雅子さまは成績が優秀な学生だけが受賞できる「Magna Cum Laude（マグナ・クム・ラウデ）」に輝いたのです。雅子さまが在籍されていた経済学部でこの賞を受賞したのは、三名だけです。

一九八五年の卒業生は大学全体で一六八一人。「マグナ・クム・ラウデ」を受賞した学生は全学部を合わせて五十六人のみであり、卒業生全体の上位およそ三％に入る成績でなければ受けることができません。

「マグナ・クム・ラウデ」について、猪口さんはこう話してくれました。

「ハーバード大学の学生さんたちは、理系であれば数学の天才児のような方がたくさん廊下を歩いているし、文系であれば誰でも詩人になるような文才あふれる人たちが次々と論文を書いていきます。その中でこの賞に輝いたのですから、凄いレベルです」

日本からやって来たバイリンガルだと言っても、世界の天才たちが集うハーバード大学では、頭角を現すのはかなりの努力が必要となるでしょう。しかし、雅子さまは持ち前の優秀さの上に努力を重ねた結果、名門ハーバード大学の高い評価を得たのでした。

平成八年、お誕生日に際しての記者会見で雅子さまは、海外生活時代の友人について、こう述べておられます。

「アメリカですとかイギリスで勉強しておりました頃の友人は、ほとんどが今、外国におりますけれども、そういう友人とは折に触れて連絡を取り合うようにしております。最近、アメリカの高校時代のクラスメイトから、今度卒業してちょうど十五年になるということで、その同窓会への案内状というものをもらいまして、出席することは難しいのですけれども、とても心温まる思いがいたしました」

今でも当時のご友人たちと、交流を保たれていることが伝わってきます。


ハーバード大学を卒業後、雅子さまは東京大学に学士入学し、在学中に外交官試験に合格されました。雅子さまが外務省に入省されたのは昭和六十二年。「男女雇用機会均等法（均等法）」が施行された翌年でした。

女性の社会進出が動き出した時代に雅子さまが外交官になられた意義を、猪口さんはこう話します。

「当時は女性が官僚になるのは珍しい時代でした。今だったら才能があったら皆が勧めるだろうけれども、この頃はまだ女性にとって自然な選択ではありませんでした。大変にバリアの大きい選択をされて雅子さまが外務省に入られたのは、お父さまである小和田恆氏による啓発が大きかったのでしょう」

海外留学する女性がとても珍しかった時代に米国へ留学し、学術分野でいち早く活躍してきた猪口さんは、幼い頃から海外での生活を経験し、十代から広い世界に触れてきたという、雅子さまとの共通点があります。

「私も帰国子女なんです。雅子さまも帰国子女なので、いろんな問題意識は共通に持っていたと思います。私の時代は、女性というと研究者として生きるしか、高度な職業人としては道が開かれませんでした。大変だったけれども、米国で博士号（Ph.D.）を取得できましたのもどこかに父の影響があったと感じます」

雅子さまは、猪口さんより十一歳年下です。日本の社会で自らの可能性を伸ばそうとした、帰国子女の先輩である猪口さんの生き方は、雅子さまの未来を見据える上で様々な示唆となったのではないでしょうか。

雅子さまが進まれた道を、猪口さんは好意的に見つめてきました。

「外交官試験を突破できたのはすごいことで、そこが大きな成果だと思います。どういう意味でいいかと言うと、まず大きな組織に入ったということです。大きな組織に入ると、いろんな課題と対処力を身につけます。雅子さまは外務省という組織の中でその訓練を受けられたので、日本の組織にあるいいところ、今後改善していかなくてはならないところなど、いろんなものをご覧になっていると思います」

猪口さんの上智大学の教え子の方が外務省に入省し、北米第二課で雅子さまの部下として働いていた時期があるそうです。その教え子の方から聞いたとっておきのエピソードを、猪口さんがお話ししてくれました。

外務省の仕事は非常にハードワークで、連日のように雅子さまと部下の方が、遅い時間まで業務に勤しんでいました。夕食の時間になると、いつも省内の売店でお弁当を買ってくるのが日課でした。そんな中、雅子さまのお優しい心遣いを知る出来事がよくあったそうです。

「雅子さまは『デザートを一緒に食べましょう』とおっしゃり、部下の分まで買ってきてくださるそうなんです。根を詰める残業の時間、ふとした優しさは本当に心にしみますよね。私の教え子は、雅子さまと一緒に働いたから、そのお優しさがよく分かると言っていました」

そして、猪口さんはこのエピソードから、こう推察します。

「組織の中での経験が、雅子さまの能力を一回りも二回りも成長させたのだと思います。ハーバード大学の勉強だけだったら、学者っぽい面だけが出たかもしれません。でも外務省で組織の歯車の役目をこなすという試練を自らお選びになって、そこから人と人の関係や仕事への責任などを経験値として積み上げていったのでしょう。部下の分もデザートを買われて、一緒に食べている姿も素晴らしいなと思いましたね。つまり心にゆとりを持つということです。仕事にのめり込むだけではなく、多忙な時こそデザートで一息ついて、ほんの束の間、別のことを考えてみる。それだけで疲れた心身が癒されますが、雅子さまはそれを厳しい環境の中で学ばれてきたのだと思います」

当時、雅子さまのお父さまである小和田恆氏は、外務大臣官房長から外務事務次官になろうとしていた頃でした。猪口さんは小和田氏とお会いする機会が多く、その時に雅子さまの近況を聞いていたそうです。

「最近、雅子さんはいかがですか?」

と尋ねると、小和田氏は、

「同じ家には住んでいるんですが、雅子は遅い時間に帰ってきて、自分のほうも早い時間に出かけますので、全く会う暇もない状態です」

と答えていたとか。

そして迎えた平成五年一月十九日、雅子さまは当時皇太子だった天皇陛下との婚約内定記者会見に臨まれました。その会見を見て猪口さんは、はっきりとこんなことを感じたと言います。

「陛下が求められた女性像が、次の時代にふさわしい、職業志向のある自立した女性であり、時代の中で育まれた女性であったのだと思います。美智子さまからご教育を受ける中で、陛下は女性に対して求める内実について、深いものを授かったのではないでしょうか。雅子さまが外交官の道をあとにし、皇室に嫁ぐという決断もまた、陛下の大きな愛情があったからこそ。お二人はまさに『純愛』だったと思います」

猪口さんは、両陛下のご関係を「純愛」の一言で言い表しました。確かに雅子さまが初めて陛下にお会いになり、その後、結婚を決意されるまで七年の歳月を要しましたが、その間、陛下のひたむきな愛情に触れ、雅子さまのお気持ちも少しずつ純化していったのではないでしょうか。

皇室に嫁ぐことで想起される社会の騒音。小和田恆氏をはじめとする家族のプライバシーへの過度な注目。そして何より、努力を重ねて手にしたキャリアを諦める抵抗感。そこには人が人を好きになり、ひたすら愛のみを求め合うこと以上に、考えなければならない要素が無限に広がっていました。

しかし、雅子さまは陛下の心に触れて、余計なことを考えすぎていたご自身に気づかれたのかもしれません。ことは単純だったのです。ただ陛下の愛を信じること。

猪口さんが感じたという雅子さまの「純愛」は、その時、人生の進むべき方向を見つけたのでしょう。

その後、猪口さんは、園遊会や国際会議の場などで、両陛下とお会いする機会が何度もありました。その度に雅子さまはいつも猪口さんに気づき、にこやかな笑顔を向けてくださるとか。

国際環境会議が開かれた際、当時、皇太子同妃だった両陛下がいらっしゃり、猪口さんがお迎えの列に並んでいました。

すると、「猪口さん!」と、雅子さまが気さくに声をかけてくださったのです。

園遊会でお会いした時も、雅子さまは普通に話しかけてくださると言います。

「雅子さまから『どうですか、お元気ですか?』と聞かれますし、私のほうから家族について報告したりもします。『頑張っていますね』とお言葉を賜ったこともありました」

猪口さんは、これからの皇后陛下としての雅子さまに、どのような期待を持っているのでしょうか?

「雅子さまは特に国際親善において、陛下の心強いサポート役になられると思います。そして、被災者、障がいや難病で苦しむ人々など、いろいろな立場で苦労の渦中にいる人たちに、寄り添うことを大切にされていらっしゃるのではないでしょうか。雅子さまはもともと途上国の問題に寄り添ったマインドを持っていらっしゃいましたから、令和の時代の皇后さまとして、理想的な方だと思います」

また猪口さんは、これまでの雅子さまのご研究を、皇室として国際親善に生かすことができるのではないかとも話します。

その一例として印象に残っているのが、令和元年五月二十五日、米国のトランプ大統領夫妻が令和初の国賓として来日した際の接遇でした。皇居で夫妻と対面された両陛下は、お二人とも通訳を介さずに和やかに会話をされました。その堂々とした振る舞いは、日本の輝かしい新時代の幕開けを告げていたように感じられました。

トランプ大統領も、ハーバード大学が加盟するアイビーリーグのペンシルベニア大学出身とあって、親しみを感じたのではないでしょうか。

そんな頼もしい雅子さまのお姿に触れ、猪口さんはこんな期待を抱いています。

「雅子さまは自分の学業や職業を追求されてきましたから、自分の核となるものをお持ちでいらっしゃいます。それが強さや自信に繋がると思いますね。それに、やっぱり心優しい方です。すでに輝くような存在なんですけれど、深い輝きなんです。その輝きで日本と世界の国々との友好に寄与して、国内外で困っている人たちに心を寄せる、そういう皇室の在り方を世界に発信してもらいたいです」

日本からやって来た、ハーバード大学の研究者と学生という立場で出会ってから、三十年以上の月日が流れました。猪口さんは学者の道から政治家へと転身し、雅子さまも外交官から皇后さまへ。赤いレンガの優雅な建物が並ぶ、ハーバード大学のキャンパスに暮らしたあの日、その運命の変容を誰が予見していたことでしょうか。

遥かなるハーバード大学での日々は、人生のほんのわずかな時間だったのかもしれません。しかし、お二人にとっては生涯忘れられないほどの、濃密な青春時代だったのです。

車いすバスケットボールに心を寄せて

——玉川敏彦（一般社団法人 日本車いすバスケットボール連盟会長）

玉川敏彦（たまがわ　としひこ）
昭和二十七年、青森県生まれ。二十一歳の時、アルバイト中の事故で脊髄損傷し、車いす生活となる。リハビリを兼ねて車いすバスケットボールを始め、選手として活躍。平成十四年から東京都車いすバスケットボール連盟会長、平成二十八年から一般社団法人 日本車いすバスケットボール連盟第四代会長に就任。

令和の天皇ご一家は、皆さま、多彩なスポーツを習熟し、季節に合わせて楽しまれています。天皇陛下は皇太子時代からテニスや登山、冬はスキーやスケートに親しまれ、運動神経のよさは多くの国民に知られています。雅子さまも、幼い頃お父さまの赴任地であるロシアで鍛えたスキー、スケートの腕前は言うに及ばず、ソフトボールや登山もこなし、スポーツをこよなく愛されてきました。

そんなご両親のＤＮＡを引き継いだ愛子さまも、運動会ではクラスのリーダーとして、活発なお姿を見せていらっしゃいました。冬は毎年のように長野県の奥志賀高原にあるスキー場に通われ、上級者向けのエキスパートコースをなんなく滑走されるなど、その腕前はかなりのものとか。

ご一家のこうしたスポーツへの深いご理解は、広く国民の間にも浸透し、健康増進はもちろんのこと、フェアプレー精神の啓発や心身の活性化に大きく寄与されてきました。

また昭和三十九年に開催されたパラリンピック東京大会では、上皇さま（当時は皇太子さま）が名誉総裁を務められ、日本における障がい者スポーツの端緒を開いた出来事となりました。以来、皇室では障がい者スポーツへの社会の理解が進むよう、積極的にかかわってきたのです。

昭和四十年から始まった全国身体障害者スポーツ大会（現在の全国障害者スポーツ大会）では、上皇ご夫妻がほぼ毎年のように二十回以上も出席し、平成二年には、その任を天皇陛下（当時は皇太子さま）にお譲りになりました。

障がい者スポーツは、もともとリハビリとして始まったものでしたが、上皇ご夫妻は早くから一般のスポーツと変わらず、プレーヤーも観戦者も、ともに楽しむスポーツとして発展していくことを期待してこられました。その思いは、世代を超えて天皇皇后両陛下にも受け継がれています。

雅子さまは、長野パラリンピックが開かれた平成十年、障がい者スポーツについてこう述べられています。

「オリンピック、パラリンピックの折には、私も幸い、皇太子殿下とご一緒に長野を訪れ、競技を見ることができました。このような大会を実際に目の当たりにするということは、私にとって初めてのことでございましたが、選手一人一人が自己の限界に挑戦している姿が印象に残りますとともに、特にパラリンピックでは、世界から集まられた選手も含め、選手の皆さんが、そこに参加していること自体を喜びに感じているというそういう気持ちがこちらにまで伝わってくるようで、多くのことを乗り越えてこられた選手一人一人に、心からの拍手を贈りたい気持ちで一杯になりました。オリンピックでの日本選手団の活躍に引き続き、パラリンピックでも日本の選手が大変活躍を致しましたこともありまして、障害者スポーツに対しての関心や理解が広がったということを大変うれしく感じました」

(平成十年、雅子さまお誕生日に際しての記者会見)

と、語られているように、雅子さまの障がい者スポーツへの深い理解と愛情は、並々ならぬものがあったように感じます。

雅子さまが車いすバスケを観戦された最初の大会は、平成八年の「内閣総理大臣杯争奪第二十五回記念日本車椅子バスケットボール選手権大会」でした。次に観戦されたのはちょうど十年後、平成十八年の「内閣総理大臣杯争奪第三十五回記念日本車椅子バスケットボール選手権大会」まで待たなくてはなりませんでした。しかし、その間も雅子さまは障がい者スポーツを支えようと、ご体調を見計らいながらその責務を果たそうと懸命に努力されていたのです。

平成二十五年、雅子さまは「全国障害者スポーツ大会」の開会式に十年ぶりに出席されました。そして、その翌日には陛下とともに、バスケットボールと車いすバスケを観戦されたのでした。両陛下は、車いすバスケの「神戸市」対「愛知県」戦や、バスケ男子の「福岡県」対「長野県」戦などの交流戦、計三試合を観戦し、試合後は大会ボランティアの皆さんと懇談されました。

その際、ボランティアの学生さんから、「選手には障がいを感じさせない強さがあり、尊敬しています」とのお話を受けて、両陛下はとても感心されていたそうです。また雅子さまは、手話を担当した女性ボランティアの方に、「手話のボランティアをされる人は、何人ぐらいいるのですか?」と、障がい者スポーツを支える人々の献身的な様子にも心を寄せていらっしゃったようです。

現在、「公益財団法人 日本障がい者スポーツ協会」の内部組織、「日本パラリンピック委員会」に加盟する競技団体は、実に六十四競技(令和元年七月十六日現在)にも及び、障がい者スポーツは今や誰もが知るポピュラーな競技として認知されています。

中でも車いすバスケットボールは、昭和四十年代半ばに、身体障がい者スキー、アーチェリーとともに、障がい者スポーツの黎明期に競技組織が設立され、すでに四十年以上の歴史を歩んできました。

日本車いすバスケットボール連盟の会長、玉川敏彦さんは、当時をこう振り返ります。

「私は二十一歳の時に事故で脊髄を損傷して、ドクターから『君はもう歩けない』と告げられました。その事実が受け入れられず、いかに死のうかと考えていましたが、車いすバスケットボールと出会い、生きる希望を得ることができたのです」

玉川さんは、その後、現在の国立障害者リハビリテーションセンターに入所し、職業訓練や運転免許取得、同時に、車いすバスケにも夢中になりました。

「こんな言い方をすると何ですが、車いすバスケはモテましたね。リハビリセンターの近くに国立医療センター看護学校があり、看護師の卵だった女子学生たちが、ボランティアで球拾いに来ていました。彼女たちに諸先輩方は非常にモテていたので、僕も上手くなってモテたいと、頑張りました」

バスケットに夢中になれた背景には、若者らしいしたたかな狙いも隠されていたようですが、スポーツに汗を流し、恋の予感に胸をときめかせ、玉川さんはその後の人生を前向きにとらえることができたのです。

余談ですが、玉川さんの奥さまは、国立医療センター看護学校のご出身。見事に恋も成就させていました。

玉川さんは、黎明期から車いすバスケの発展に尽力し、平成二十八年には「日本車椅子バスケットボール連盟」の第四代会長に就任。現在まで四半世紀も車いすバスケに携わっています。

そんな玉川さんと雅子さまとの出会いは、平成二十九年五月五日、東京体育館で行われた「内閣総理大臣杯争奪第四十五回記念日本車椅子バスケットボール選手権大会」でした。当初は陛下お一人での観戦と伝えられていましたが、もしかしたらご一家お三方で出席されるかもしれないという連絡が内々にあり、念のためにご家族で来ることも想定して事前にセキュリティの打ち合わせを行っていたと言います。

当日、陛下とご一緒に雅子さま、愛子さまも観戦に訪れたのですが、事前準備のおかげで滞りなくお迎えすることができました。

東京体育館の入口で、雅子さまをお出迎えした時の第一印象を玉川さんはこう話します。

「皇室の方とあって、最初は私もきちんと対応しなければと緊張したのですが、雅子さまは大変気さくで、普通にお話をさせていただき、爽やかな感じがしましたね。畏れ多い方だと思っていたのですが、雅子さまのほうから歩み寄っていただき、『今の時代の皇太子妃殿下』という印象を受けました」

車いすバスケの大会には、これまで上皇ご夫妻も何度も足を運んでこられましたが、玉川さんから見て遥かに仰ぎ見る雲の上の存在でした。令和の時代になって皇后になられた雅子さまはフランクで話しやすい方だったことから、初めてお会いした時の印象は、より国民との距離が近くなったと感じたと言います。

ご一家が到着されると、一旦、貴賓室へ。決勝戦のハーフタイムの最中に入場され、試合の後半からご覧になったそうです。観戦中、玉川さんは雅子さまの隣で、ルールや見どころをご説明しました。

決勝戦は、八連覇中の絶対王者「宮城ＭＡＸ」と、優勝候補の「ＮＯ ＥＸＣＵＳＥ」による、いわば実力伯仲のレベルの高い試合でした。第一クォーターから一歩も譲らない激しい攻防戦が続いていました。

車いすバスケの選手には、各々障がいレベルの重い順から一・〇〜四・五の持ち点が定められており、試合中コート上の五人の持ち点の合計が十四・〇を超えてはならないというルールがあります。実はこの大会から、持ち点さえクリアすれば、男女混合のチーム編成も許されることになっていました。

そのルール改正を生かし、宮城MAXには、藤井新悟さんと郁美さんという、夫婦で出場していた選手がいたのです。玉川さんは車いすバスケに励んでいる藤井さん夫婦について、雅子さまに説明したところ、こんな質問が返ってきたと言います。

「なぜご夫婦で取り組んでいらっしゃるのですか？」

玉川さんは、車いすバスケを通して出会い、結婚したお二人の障がい者スポーツへの情熱について語りました。夫婦で支え合い励まし合ってきたお二人の物語は、雅子さまに強い印象を残したように玉川さんには感じられたそうです。

さらに車いすバスケは、コートの中を縦横に駆け巡り、スピードも速く、転倒も辞さないほどの激しい衝突もあって、障がい者スポーツの枠を遥かに超えた、純粋な面白さを持っています。

その理由のひとつは、車いすバスケはパラリンピック競技の中でも、一般のバスケットボールに近いルールが適用されていることです。コートの広さやゴールの高さなども通常のバスケと同じ。だからシュートする場合、一般の選手よりもかなり低い所からボールを放たなければなりません。そんな難しいシュートが鮮やかに決まった時には、会場が割れんばかりの拍手に包まれます。

また車いすバスケの見どころを玉川さんは、こう解説します。

「車いす操作では、いかに相手にフェイントをかけることができるかが、勝敗の鍵を握ります。『僕はこっちに行くよ』と思わせておいて、違う方向に素早くターンする。そこで相手を振り切ればこっちのものです。物理的な当たりの激しさとともに、緻密で高度なテクニックが、この競技の最も面白い見どころなのです」

車いすバスケで使われる競技用車いすは、すべてオーダー・メイド。選手それぞれの障がいに応じて、腰かける高さやバランスも違うと言います。

そんな選手たちの果敢なプレーを雅子さまも手に汗を握って観戦し、こんなお言葉もありました。

「このプレーは凄いですね」

「転倒しても大丈夫なんですか?」

試合を間近で見ていると、素早いターンによってコートとタイヤが摩擦を引き起こし、ゴムの焦げたにおいがしたり、激突した衝撃音が会場に響きます。

他にも雅子さまは「この選手は上手いですね」「何という選手ですか？」など感想を交えながら、玉川さんに様々な質問をされたと言います。

「畏まる感じではなく、普通にお話をされていました。迫力いっぱいの場面では、雅子さまも、うわぁっと声をあげられ、拍手する場面もありましたね。雅子さまは、本当にスポーツがお好きでいらっしゃるんだなと嬉しくなりました」

雅子さまに負けず愛子さまもスポーツがお好きなようだったと、玉川さんは振り返ります。愛子さまのお傍で解説された方の話によると、お互いのチームが点を取り合うシーソーゲームの白熱した展開では、両チームのゴールが決まるたびに、拍手を送られていたそうです。それも最初のうちは控えめに小さく拍手をされていたのですが、試合終盤にさしかかり、どちらが勝つか分からない状況になると応援も熱を帯び、夢中になられて大きく手を叩かれていたとか。

試合の結果は、五十五対五十二という大接戦で、「宮城ＭＡＸ」が優勝し、見事、九連覇を達成しました。ちなみに「宮城MAX」は令和元年の選手権大会でも優勝を果たし、前人未到の十一連覇を成し遂げ、その記録は今も進行中です。

この試合の後、ご一家はコートに降り、決勝戦を戦った両チームの選手たちと懇談されました。全選手の紹介を受けて、ご一家は最前列の選手だけでなく、後ろの列の人たちにも一人ひとりに声をかけられていました。

雅子さまは、玉川さんが話した藤井選手夫妻にも、話しかけていらっしゃいました。また天皇陛下は、愛子さまが学習院初等科時代にバスケットボール部に所属していたことに触れ、さらにこんな話をされました。

「(愛子さまは車いすバスケを)初めて見るんですよ」

このお言葉で、愛子さまもリラックスされたのか、選手の皆さんに積極的に質問されたようです。

「トレーニングはどうしているんですか?」

「何がきっかけで車いすバスケットを始めたのですか?」

そんな会話の中から、愛子さまは「車いすに乗って体験してみたい」という話もされたとか。

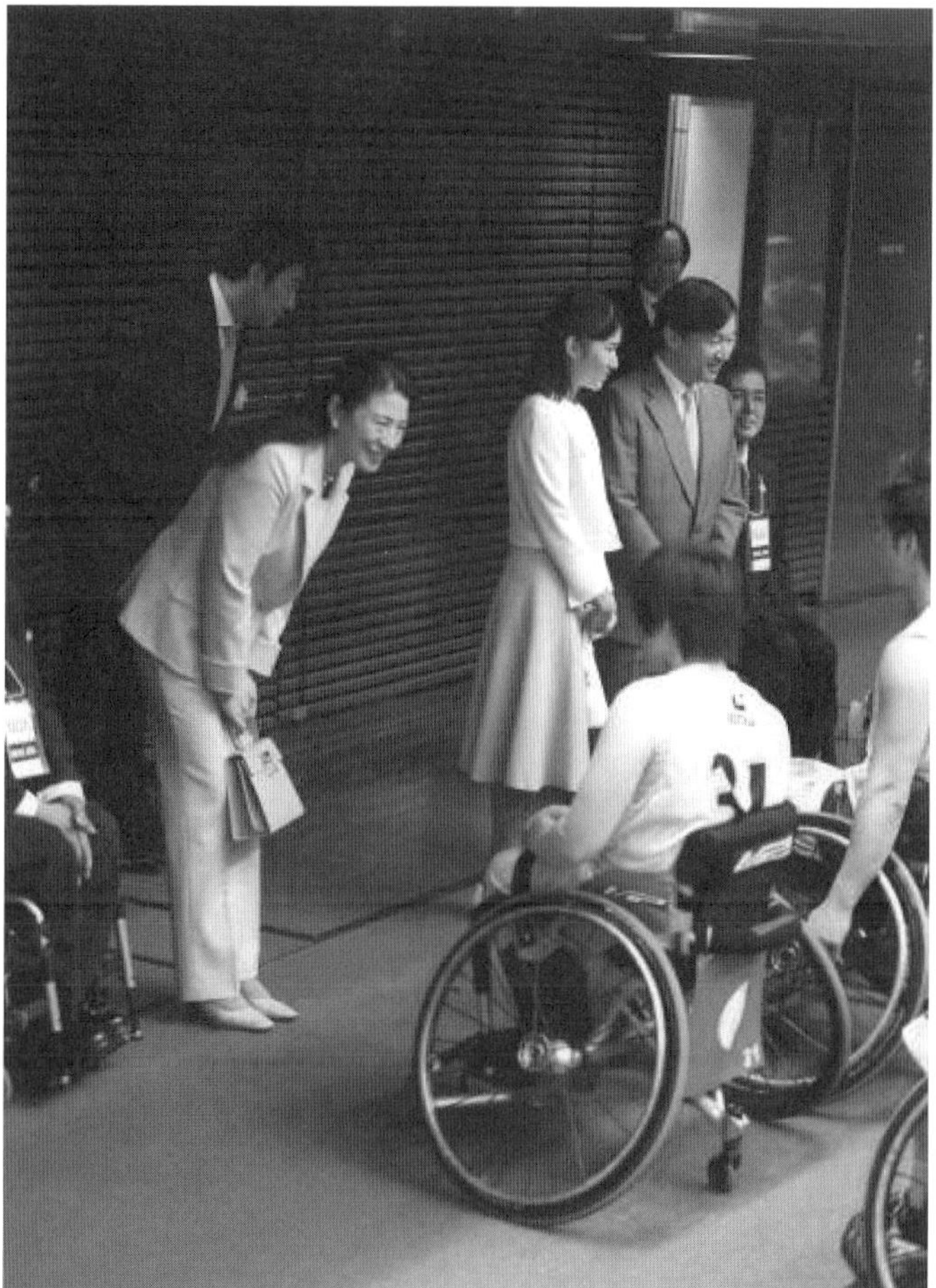

平成29年、天皇ご一家が車いすバスケットボール選手権大会を観戦後、選手らとご懇談。(提供=JWBF　清水一二)

そして陛下も、こんなエピソードを紹介されました。

「愛子は、（車いすに）ブレーキがあると思っていたようなんです」

と選手たちに話し、愛子さまもこれにはちょっとはにかんだ笑顔を見せていらっしゃいました。なぜなら車いすにはブレーキなどついておらず、激しいぶつかり合いの時もスピードをゆるめることはありません。おそらく愛子さまは、ハードなスポーツなのでブレーキは必須だと考えておられたのでしょう。

実は、天皇ご一家にとって、バスケは特別な思い入れがあるスポーツなのかもしれません。愛子さまは学習院初等科五年生の時、バスケットボール部に入って以降、活発になられたと言われています。その二年前には、愛子さまは学習院初等科の一部の児童による乱暴が原因で、通学への不安を感じるようになっておられました。通学の際、ほぼ毎回、雅子さまが登校に付き添われていたのですが、バスケットボール部に入ってからは、元気に学校に通うようになられたのです。

そんな愛子さまのご様子を、雅子さまはお誕生日に際してのご感想でこう綴られています。

「五年生になってからは、学校の勉強も随分と大変になってきましたが、愛子が、お友達にも恵まれ、管弦楽部やバスケットボール部といったクラブ活動を含む学校生活や、英語の勉強など様々なことに意欲的に取り組んでいることは大変嬉しく、そのように愛子が成長していく姿を心強く思いながら、母親としてできるだけの手助けをしたいと思って過ごしております」（平成二十四年、雅子さまお誕生日に際してのご感想）

陛下も愛子さまがバスケットボール部に入って活発になったご様子を、雅子さまと同じように述べられています。

「五年生から始めたバスケットボールクラブでは、初めての対外試合で他校を訪れ、他校の皆さんと試合を行ったり、初等科での試合の場合には、試合後は交流も行ったり、非常によい経験になっているように思います。（中略）何よりも、愛子自身が、自分で考え、行動することができるようになり、頼もしくなったと感じます。早いもので、春には六年生になりますが、愛子が、新たな知識を習得し、経験を広げながら、健やかに成長していくよう、雅子と共に見守っていきたいと思います」（平成二十五年、天皇陛下お誕生日に際しての記者会見）

バスケットボールが愛子さまにもたらしたのは、活発さと元気な笑顔。この時から、天皇ご一家にとってバスケットボールは、特別なスポーツになったのではないでしょうか。

現在、「一般社団法人　日本車いすバスケットボール連盟」に登録されているチーム数は、全国で実に七十三チーム（うち女子チーム八チーム）を数えます。（令和元年八月時点）

観客数も年々増加し、令和最初の天皇杯では、三日間の大会期間中、のべ一万人以上の観客動員を記録。ドイツやイタリアのクラブチームには一部プロ選手が所属し、その中に日本人選手も含まれています。世界的に見ても車いすバスケットは、ひとつのスポーツとして盛り上がっています。

日本国内でも障がい者スポーツの進展に鑑《かんが》み、平成三十年、「飯塚国際車いすテニス大会」「全国車いす駅伝競走大会」とともに、「日本車いすバスケットボール選手権大会」と「日本女子車いすバスケットボール選手権大会」に天皇杯や皇后杯が下賜されることになったのです。

常勝チーム「宮城ＭＡＸ」が十一連覇を達成し、天皇杯を受けた令和元年五月の「第四十七回日本車いすバスケットボール選手権大会」では、初めて車いすに乗った健常者の参加も可能になりました。

「宮城ＭＡＸ」と決勝戦を戦った「埼玉ライオンズ」には、健常者三人が含まれていましたが、障がい者アスリートのみの「宮城ＭＡＸ」に太刀打ちできず、七十一対三十五のワンサイドゲームを許してしまったのです。この結果に、「宮城ＭＡＸ」のエース、藤本怜央さんはこう話しています。

「僕は、障がい者スポーツは障がい者が強くないといけないと思っています。だから健常者を入れていない僕らのほうが優勝するのは当たり前。障がいを負ってから、苦難を乗り越えて、このスポーツに人生をかけてやってきた僕たちの勝利だと思います。一方で健常者が入ることで、レベルが一気に上がるものと期待もあります」

車いすバスケは、長年、障がい者スポーツをリードしてきた歴史があります。ひと昔前は、車いすバスケットボールの体験会をやっても遠巻きに見る人が多かったのですが、今では健常者の参加も可能にしたルール改正も手伝って、「やってみたい」という人が増えてきました。スリリングなテクニックと激しさに健常者も魅了され、また車いすバスケを題材にした井上雄彦氏の連載漫画「リアル」も、その人気を後押ししています。

日本車いすバスケットボール連盟会長の玉川さんは、こう語ります。

「今、選手たちは恵まれた状況で活躍できていますが、令和二年の東京パラリンピックが終わると、今の状況をいかに継続していけるかが課題。東京パラリンピック以降も、アスリートとして生活できるよう、動いています。ありがたいことに継続して支援してくださると言ってくれる企業もありますので、ここで終わるわけにいきません。私たちには車いすバスケだけでなく、障がい者スポーツをより発展させる責任があるのです」

玉川さんは、障がい者スポーツに携わる関係者の方々に共通する思いだと話します。そんな思いにも理解を持って寄り添ってくださる天皇陛下や雅子さまの存在は、玉川さんにとっても心強いことでしょう。

「雅子さまは包容力があり、いつも微笑みをたたえていらっしゃいました。令和の時代になって、天皇陛下を支えながら、よき皇后陛下として私たちを励ましてくださっているように感じるのです。また車いすバスケットボール大会を、観戦にいらしていただけると嬉しいですね」

小児病棟のセラピー犬

――松藤凡（聖路加国際病院小児総合医療センター長）

松藤凡（まつふじ　ひろし）
昭和三十年、福岡県生まれ。鹿児島大学卒業。平成四年〜六年、ロンドン大学で小児消化器病学を学ぶ。鹿児島大学大学院小児外科教授。平成十五年、日本国内の小児病棟で初めて動物介在活動を聖路加国際病院に取り入れた。現在、聖路加国際病院統括副院長、小児総合医療センター長、小児外科部長を務めている。

皇室の方々は公務の合間を縫って、ライフワークに取り組んでいらっしゃいます。

上皇さまはハゼの分類学者として、日本魚類学会の学術誌にたびたび寄稿され、これまで発表した論文は計三十三篇にのぼります。美智子さまは児童文学に力を注ぎ、平成十四年にスイスで開かれた国際児童図書評議会創立五十周年記念大会では、ご結婚後初めて単独で海外を訪れ、基調講演をされました。

また、天皇陛下は学生時代から水をテーマとした研究を続けていらっしゃいます。では、雅子さまはライフワークとして、どのようなことに取り組んでいこうとされているのでしょうか?

記者会見で「新たに公務として取り組みたいこと」を聞かれた時、雅子さまはこのように話されました。

「公務に関してでございますけれども、皇室の一員としてお役に立てることがございましたら、必要とされるところには心を寄せていきたいというふうに思っております。そして、特に難しい境遇に置かれている人々や、さまざまな困難に直面している子供たちには、常に心を寄せていきたいと思っております」（平成十一年、雅子さまお誕生日に際しての記者会見より）

そのお言葉の通り、雅子さまは公務で地方を訪れた際、子どもたちが入院している小児病院などに積極的に足を運び、励ましのお言葉をかけられています。平成三十年の兵庫県訪問の際には、県立こども病院を訪れ、入院中の乳幼児や保護者とお会いになりました。雅子さまは膝を折って話しかけ、「治療がつらい時はないですか」などと声をかけていらっしゃったのです。

平成十七年八月六日、雅子さまは東京都中央区にある、聖路加国際病院の小児病棟を訪問されました。この日は病棟の屋上にある庭園で、年に一度の大きなイベント、「小児病棟夏祭り」が開催されていました。子どもたちが喜んでくれそうな屋台を出し、家族も参加して楽しいひとときを過ごしてもらうためのイベントです。

運営は、医療保育士やチャイルドライフスペシャリスト（医療現場で子どもや家族の精神的負担をできるだけ軽減する専門職）が中心になって行い、他の多くの部門の人たちやボランティアの人たちも協力しています。小児病棟に入院している子どもたちは三十人くらいですが、この日は両親や兄弟など、家族が入れ替わり立ち代わりでやって来るため、総勢百五十人くらいが集まりました。

そんな夏祭りに参加された雅子さまは、病と闘う子どもたちの明るい笑顔に触れ、改めて心を寄せる思いを強くされたのではないでしょうか。

案内役を務めたのは、現在、聖路加国際病院小児総合医療センター長である、松藤凡医師。暑い時期なので、夏祭りは日が落ち始めた夕方六時からスタートしました。入院中の子どもたちは、車椅子の子、点滴が繋がっている子、酸素ボンベが手放せない子なども参加していました。当然のことながら、医師や看護師の厳重な管理のもとで楽しんでいたのです。

雅子さまは子どもたちの輪の中に入り、ご一緒に金魚すくいや射的を楽しまれていたと言います。

また、夏祭り恒例のお遊びとして、ちょっとしたビンゴゲームも催されます。お題が出されると、その内容にぴったりの人をその場から見つけるというものです。例えば、お題に「外国に住んでいたことがある人」「兄弟姉妹がいる人」と出されると、その条件に合った人からサインをもらうというゲームです。この時の様子を松藤医師は、印象深い出来事だったと話します。

「『外国に住んだことのある人』の問題では、子どもたちが雅子さまのもとに殺到しました。これには雅子さまも大喜びで、集まった子どもたちのノートにお名前をサインされていました。その様子を見ていたのですが、感心したのは、そのサインの仕方でした。雅子さまは、それぞれの年齢に合わせて、小さい子には平仮名で「まさこ」、大きい子には漢字で「雅子」と書いていらっしゃったんです」

この日、雅子さまの滞在時間は二時間程でしたが、その場にいたほとんどの子どもたちや家族に声をかけ、それぞれの話に熱心に耳を傾けられていたとか。

最後に雅子さまは子どもたちと花火を楽しみ、すっかり日が落ちた頃に帰られました。

当時、雅子さまは体調に波があり療養中だったことから、公務へのお出ましも限られていたのですが、子どもたちとの触れ合いは、心を癒される時間だったことでしょう。雅子さまに来ていただき、子どもたちも喜んでいたことから、お見送りの際に松藤医師は、「またよろしければお越しください」と声をかけました。

実はこの日、夏祭りに訪れたのは、雅子さまだけではなかったのです。

「実は雅子さまの『ご家族』も、夏祭りに来ていました。その『ご家族』は、雅子さまがお越しになる以前から、この小児科病棟をたびたび訪れていたんです」

夏祭りが行われた会場には、入院している子どもたちと犬の仲良しのワンちゃんたちも参加していました。ワンちゃんと言っても、ただのペットではありません。子どもたちの心を癒すために特別な訓練を施された、「セラピー犬」です。

その「セラピー犬」たちの中に、雅子さまの愛犬ピッピもいたのです。

夏祭りでも、子どもたちの側に寄り添って触れ合ったり、一緒に遊んだりしていました。雅子さまの愛犬ピッピは、以前からセラピー犬として「人と動物のふれあい活動（CAPP）」に参加しており、松藤医師もピッピのことはよく知っていましたが、飼い主が雅子さまだと知ったのは、今回の夏祭りの時だったそうです。

聖路加国際病院では平成十五年から、日本で初めて小児病棟でのアニマルセラピー（動物介在活動）を取り入れました。そのきっかけを作ったのが、松藤医師だったのです。

「小児がんの女の子が『犬に会いたい、一緒に遊びたい』と言っていたので、なんとか望みを叶えてあげたいと考え、訓練されたセラピー犬を病棟に入れようと思いました。残念ながらその女の子は望みを果たせぬまま、短い生涯を終えましたが、その後、入院している別の女の子も犬が大好きだと分かり、病院に連れてきて遊ばせてあげたいと、本格的な導入に向けて動き出したんです」

当時、名誉院長だった故日野原重明医師が、「動物たちは生きる力を与えてくれる」と賛同し、推進するよう協力してくれたことが大きかったと話します。以来、聖路加国際病院の小児病棟には、月に二回、セラピー犬の認定を受けた犬たちが訪れ、子どもたちと触れ合うようになりました。

病気のために外に出られない子どもたちが、ワンちゃんと触れ合っている時間だけは病気のことを忘れ、楽しい時間を過ごす。ベッドから離れることができない子どものもとにも、犬が会いにくることで笑顔が戻ったこともありました。

そんなセラピー犬の中に、雅子さまの愛犬、ピッピも含まれていたのです。

愛犬ピッピは、赤坂御用地に迷い込んだ野良犬が、十頭の子犬を産み、八頭は宮内庁の職員たちが引き取り、残った二頭を両陛下が飼うことになったうちの一頭でした。以来、この二頭のワンちゃんは、「ピッピ」と「まり」と名づけられ、両陛下から家族の一員として可愛がられ、成長していきました。

記者会見でも雅子さまは、この二頭の愛犬のことを話題にされています。

「今、犬がおりますけれども、この、犬がいるというのも夫婦の仲にとって、とても良いように思います。よく『夫婦喧嘩は犬も食わぬ』と申しますけれども、喧嘩の種は割とよく拾って食べてくれるような気がいたします」（平成十年、雅子さまお誕生日に際しての記者会見）

雅子さまは小さい頃から動物が大好きで、結婚前も実家でヨークシャーテリアの「ショコラ」を飼っていらっしゃったことは、よく知られています。そんな雅子さまが、愛犬のピッピをセラピー犬にされたのは、どんな理由からだったのでしょうか。

天皇ご一家の愛犬の主治医は、赤坂動物病院の総院長・柴内裕子《しばないひろこ》先生が務めています。柴内先生は「公益社団法人 日本動物病院協会」の第四代会長を務めた著名な獣医師として知られる一方、動物が人間の心と身体に大きな効果をもたらす存在であることに着目し、一九八六年から三十年以上も「人と動物のふれあい活動（CAPP）」に取り組んでいます。そんな活動をよく知る両陛下は、愛犬のピッピとまりも活躍できる可能性があるのではと考えられたのでしょう。

ピッピとまりは日本犬の雑種。特に雄のピッピは性格が温厚で、人が大好きだったことから、どんな人でも仲良く触れ合うことができました。活動に参加するには、健康状態や性格、衛生面など、厳しい基準をクリアすることが求められますが、何より適性が大事でした。突然の物音やハプニングにも動じないことが必要条件だったのです。

その条件を、見事にクリアしたのがピッピでした。こうしてピッピは、CAPPの活動に参加することになり、他のセラピー犬たちとともに聖路加国際病院を訪れるようになったのです。雅子さまが小児病棟夏祭りを訪れたのは、日頃、お会いになれない病棟の担当者や入院中の子どもたち、そしてご家族の方と親しくお話しし、その中でピッピが心を癒す存在として寄り添っている姿をご覧になりたかったのかもしれません。

平成九年の雅子さまのお誕生日に際しての記者会見では、動物とのかかわりについてこう述べられています。

「私自身は大変動物とか自然などが好きですので、人と動物のかかわり、あるいは人と自然とのかかわりといったことについて、そのような良い関係から生まれ得るものということにも関心を持っております」

また、平成十一年の記者会見では、ご自身の気分転換やリラックス法について、愛犬との時間をこのように話されました。

「私にとりまして、今飼っております犬たちと一緒に過ごす時間というのもホッといたしますし、大切な時間となっています。例えば、一日の日程を終えて、あるいは夕方に公務があったりいたします時は、その公務の間の時間を見つけて、夕方、犬たちを連れてここの御用地の中を散歩いたしましたり、自転車で回ったりいたしますと本当に良い気分転換になります」

ピッピとまりが両陛下のもとにやって来て、動物による癒しの効果を一番実感されていたのは、もしかしたら雅子さまだったのかもしれません。

両陛下も理解を示し協力されている「セラピー犬」の育成は、実は古くから行われていました。十九世紀後半には、ナイチンゲールが患者の不安軽減を目的に、犬を用いていました。また、一九三〇年には、精神科医であり心理学者でもあるジークムント・フロイトが、自閉症の子どもとのコミュニケーションに、犬を使用していたと言われています。欧米諸国は病院に犬を連れてくることが、早くからスタンダードになっていましたが、日本では衛生面や不測の事態を考慮し、理念は分かっても実現できない状態が続いていました。

聖路加国際病院の松藤医師は、かつてロンドンの小児病棟に勤務していた頃、患者の心を和ませる目的で、馬や犬を病院に連れてきているシーンをよく見かけていたと言います。日本では、老人ホームなどで犬や猫など動物と触れ合う機会が設けられていましたが、小児科病棟で行ったのは松藤医師が初めてでした。

病院に入れるにあたって心配されたのは、感染症・アレルギー、そして人や物に危害を及ぼさないかなどの点でした。獣医師はもちろんのこと、小児科部長や病棟師長、看護師、保育士、感染管理担当看護師などを交えて話し合い、時間をかけて実現していったのです。

聖路加国際病院小児総合医療センターには、長期入院の子どもたちが通う学びの場、「つばさ学級」があり、学校の先生が訪れて授業を行っています。病気の治療だけでなく、一人ひとりの子どもたちのＱＯＬ（生活の質）を高め、家族への支援もしていこうとトータルな取り組みを行っているのですが、「セラピー犬」の導入はそうした子どもたちの心のケアに配慮した措置でした。

平成十八年三月二十三日、雅子さまが聖路加国際病院小児総合医療センターを、再び訪問されました。今回は公務としてのご訪問だったため、カメラも入り、ニュース映像も流れました。当時の日野原院長と小児科部長の細谷《ほそや》医師、松藤医師の三人でお出迎えしたところ、雅子さまは以前と変わらない、にこやかな表情でいらっしゃったそうです。

この時も松藤医師のご案内で、雅子さまは小児病棟と外来診療棟の見学をされました。

「雅子さまは何かご説明すると、とても理解が早くていらっしゃいます。病気の子どもたちの感染症のことをお話しした時は、すぐに理解されたようで、率先して手を洗っていらっしゃいました」

小さな子どもたちが集まるプレイルームでは、雅子さまはみんなの輪の中に入り、一人ひとりに優しく話しかけていらっしゃったとか。小さい子どもには、いつも同じ目線の高さになるようにしゃがんで話されていたそうです。

「雅子さまは話の節々で、とにかく子どもたちの気持ちをよく理解されているように見受けられました。小児病棟には二、三歳から中学生まで、幅広い年代の子どもたちが入院しているのですが、それぞれの年齢に合った言葉を使って、『何が楽しいですか?』と、その場に応じた質問をしていらっしゃいました。話しやすい雰囲気を作って、心を開いてもらいたいと努力されている雅子さまの思いを感じましたね」

小児科病棟には、その時二十~三十人の子どもたちが入院していましたが、雅子さまはその全員と話し、早く元気になるように励ましておられました。

このご訪問の折、病棟に居合わせた子どもたちの家族は雅子さまと話し、とても感激していたと松藤医師は話します。

「雅子さまがいらっしゃったことは、家族の方への影響はとても大きいです。雅子さまが自分たちの気持ちに寄り添ってくれたことに感激して、涙する家族もいました」

家族と話す時、雅子さまはほとんど聞き役に徹していらっしゃったそうです。重い病気の子どもを持つお母さんが深刻な話をしても、雅子さまは嫌な顔ひとつ浮かべずに、じっと耳を傾けていらしたと言います。雅子さまはお話を聞くことで、家族の不安や悩みが少しでも解消できればと、真摯に寄り添われていたのでした。

外来診療棟をご案内した時には、待合室で小学生が不安そうな顔で採血を待っていました。すると雅子さまはその様子に気づかれ、「大丈夫よ」と声をかけられていたそうです。子どもたちにとって病院は、注射をされたり、口の中やお腹を診察されたりする、苦手な場所というイメージです。雅子さまは、そんな不安な気持ちを汲み取ろうと、励ましの声をかけられたのでしょう。

また、赤ちゃんを抱いているお母さんがいると、雅子さまのほうから近づいて熱心に話をされていたとか。当時、愛子さまは四歳。子育て中でいらっしゃったこともあり、同じ母親として親近感が湧いたのかもしれません。

両陛下が飼っていらっしゃった二頭の愛犬は、まりが平成二十一年二月に老衰で亡くなり、同年九月にはセラピー犬として活躍していた、ピッピが天国に召されました。どちらも十四歳という長寿を全うしたのです。

同年、新しい家族となる生後二か月の子犬が東宮御所にやって来ました。ピッピやまりと同じ日本犬の雑種でした。両陛下も一目で気に入り、愛子さまが「由莉」と命名されました。

由莉は穏やかな性格で、子犬の頃からセラピー犬の適性がありました。現在、由莉はピッピの活動を引き継ぎ、セラピー犬として定期的に聖路加国際病院の小児病棟を訪れ、病と闘う子どもたちの心を癒しています。

愛子さまは学習院初等科の卒業文集で、由莉のことを以下のように書いていらっしゃいます。

「私の家では、犬を一頭と猫を二頭飼っています。みんな保護された動物です。前に飼っていた二頭の犬も保護された犬でしたが、どのペットも、可愛がって育てたらとても大切

令和元年、天皇ご一家が那須御用邸嚶鳴亭周辺をご散策。
愛犬・由莉とともに。（提供＝宮内庁）

な家族の一員になりました。動物がいることで癒されたり、楽しい会話が生まれたりして、人と動物との絆は素晴らしいものだと実感しています。私が飼っている犬は、病院に入院している子供たちを訪問するボランティア活動に参加し、闘病中の子供たちにもとても喜ばれているそうです。また、耳の不自由な人を助ける聴導犬や、体に障害のある人を助ける介助犬は、保健所に収容された、飼い主の見つからない犬たちの中から育成されて、障害のある人々の役に立つ素晴らしい仕事をしているそうです。私は、このような人と動物の絆の素晴らしさや、命の大切さを、広く伝えていかれたら良いと思います（後略）」

困難な境遇に置かれた子どもたちに心を寄せていらっしゃる母・雅子さまの思いは、しっかりと愛子さまに受け継がれているようです。

小児病棟でのアニマルセラピーを通じて、雅子さまと交流した松藤医師は、令和の皇后・雅子さまにこんな期待を寄せています。

「雅子さまの優しさと聡明さが発揮できる立場となられたと感じます。世界の子どもたちのために活動していただきたいと願っています」

聖路加国際病院から始まった、小児病棟でのアニマルセラピーの取り組みは、二〇一九年現在、全国で七施設に広まっています。つらい治療に耐えている子どもたちの心を癒すセラピー犬たちは、雅子さまの「困難に直面している子供たちには、常に心を寄せていきたい」との思いを託され、今も全国の小児病棟で活躍しています。

雅子さまが励ました復興プロジェクト

——佐藤陸（ＯＥＣＤ東北スクール　生徒総括リーダー）

佐藤陸（さとう　りく）

平成八年、福島県生まれ。中学二年生の時、東日本大震災に遭う。福島県立磐城高等学校に在学中、被災地の中高生たちが集まるプロジェクト「ＯＥＣＤ東北スクール」の生徒総括リーダーを務める。平成二十七年、カリフォルニア大学バークレー校に留学し、福島のために貢献したいと意欲に燃えている。

平成二十三年三月十一日、三陸沖を震源とするマグニチュード九・〇の巨大地震が発生。関東以北の沿岸部には大津波が押し寄せ、中でも岩手・宮城・福島の太平洋に面した地域は、壊滅的な被害に見舞われました。

翌日には東京電力福島第一原子力発電所が、電源喪失による原子炉内部への注水が不可能となったことで冷却ができなくなり、核燃料が自らの熱で溶け出す、いわゆるメルトダウンを引き起こしてしまいました。地震や津波による死者・行方不明者は、約二万人。未曾有の災害として記憶されることになったのです。

東日本大震災が起きると、上皇ご夫妻（当時、天皇ご夫妻）をはじめ皇室の方々はいち早く現地に入り、被災した人々に励ましのお言葉をかけられました。

被災から三か月後の同年六月には、陛下は雅子さまとともに、宮城県山元《やまもと》町の避難所を訪れ、被災者を励まされました。翌月には福島県郡山《こおりやま》市、八月には岩手県大船渡《おおふなと》市を訪れ、福島第一原発事故による避難者や津波で自宅を失った人々を見舞われました。

両陛下が触れ合った被災地の人々。その一人ひとりの思いを胸に、両陛下はわが事のように心配し、勇気づけ、心から寄り添ってこられたのです。

当時、福島県いわき市の小名浜《おなはま》に暮らす、とても前向きな中学二年生の少年がいました。彼の大きな復興の物語は、雅子さまとの出会いによって、生涯忘れることのできない輝きを放つことになりました……。

その少年の名前は、佐藤陸くん。東日本大震災が発生した三月十一日の午前中、佐藤くんの中学校では、ちょうど卒業式が行われていました。佐藤くんは、四月の新学期から生徒会長に就任することが決まっていたこともあり、お世話になった卒業生に送辞を読みあげました。

午後には自宅に戻って、仲のよかった友達と自室で話していました。三年生になったら、どんな学校生活を送るのか。受験勉強も頑張ろう。希望に満ちた春の到来を待ちわびる話をしていた時に、あの巨大地震が襲ってきたのです。

家はまるでゼリーの上に乗っているように大きく揺れ、リビングの電灯は壁にぶつかり壊れてしまいました。思わず飛び出した庭には、蛇のような亀裂が入っていました。

幸い自宅は一年前に大工である祖父が精魂込めて建てたものだったこともあり、大きな被害はなかったのですが、水道が止まってしまいました。井戸水は使えましたが、飲み水だけは、佐藤くんが海岸近くの給水所までもらいに行かなくてはなりませんでした。その際、地面に残る津波襲来の境界線の跡を目にしたのです。そこには津波とともに陸に打ち上げられた魚たちが、たくさん横たわっていました。

初めて接した自然の脅威に、佐藤くんは恐怖を覚えたと言います。

「ここまで大変なことになると思っていませんでした。まだ子どもだったので、原発のこともよく分かりませんでした」

四月になり、佐藤くんは三年生に進級。生徒会長としての活動を始めていきます。

その頃、震災前から企画されていた、いわき市内四十四の中学校で作る「いわき生徒会長サミット」が、復興を乗り越えて未来へ前進する原動力となることを目指し、活動を始めます。佐藤くんもメンバーとなり、その年の夏休みには長崎市の平和祈念式典に出席。地元の中学生とともに平和について、おおいに意見を交わしました。

「大震災で多くの命が失われ、福島の原発の問題もありました。原爆を落とされた長崎の中学生も、ここでどんな悲劇が起きたのか理解しており、中学生でも皆それぞれ意見を持っていることを知って、とても刺激を受けて何か行動しなければと思ったんです」

当時、東北の被災した小・中学校に、全国の学校から応援のメッセージが届けられていました。いわき市の佐藤くんの中学校にも、たくさん届いていたのです。その中に静岡のサッカーチームの選手や地元の人々が応援メッセージを寄せ書きしたチームフラッグもありました。佐藤くんはそのフラッグを見て、あるアイディアを思いつきました。

「いわきは漁業の町ですから、魚を満載して帰ってくる漁船には、大きな大漁旗が翻っていました。その雄々しい姿は、いわきの人々を勇気づける象徴になるのではないかと思ったんです」

佐藤くんは大漁旗をメッセージフラッグにして、地元の人々に配ろうと考えました。各クラスに声をかけ、みんなで完成させた大漁旗は、クラスの数と同じ二十二枚。それぞれの思いが込められた色鮮やかな応援フラッグを、地域で復旧・復興に取り組む海上保安庁や地元のコミュニティFM、給食センターなどに届けたのです。

佐藤くんはその活動の中で、「被災地が県外の町から『頑張って』と言われることはありましたが、同じ被災地、つまり『内から内』の応援というのはありませんでした。でも、それがすごく元気をもらえたんです。僕はそれが大きな気づきでしたし、やってよかったと思いました」と語ります。

そして翌年、福島県立磐城《いわき》高校へ進学しても、地元の復興を手伝いたいという思いは強くなっていきました。

そんな時、経済協力開発機構（ＯＥＣＤ）が東北の復興をサポートするため、福島大学や被災地の地方自治体と連携して、復興教育プロジェクト「ＯＥＣＤ東北スクール」（文部科学省復興教育支援委託事業）が誕生しました。「ＯＥＣＤ東北スクール」は、福島、宮城、岩手の被災地から中・高校生約百人を集め、「二〇一四年八月、パリで東北の魅力を世界にアピールするイベントをつくる」という目的のために、二年半にわたり活動するプロジェクトでした。

この壮大なプロジェクトを耳にした佐藤くんは、パリに行く二〇一四年には高三の受験生になる不安はあったものの、ぜひ参加したいと手を挙げたのです。

「受験勉強と両立しつつ、学校の授業では体験できない出会いや交流の中から、多くのことが学べると思いました。そして世界へ東北の魅力をアピールできることにも、やりがいを感じました」

プロジェクトのスタートを告げるキックオフの集まりで、「二〇一四年にパリで東北復興祭を開催せよ」というミッションは伝えられたのですが、金額はいくらかけてどのような内容にするという具体的なことは、すべて自分たちで考えなければなりませんでした。

東北三県、福島・宮城・岩手から、約百名のメンバー全員が集まるのは年に二回、三月の春休みと八月の夏休みだけ。交流の機会は少ないものの、最初の集まりの時から佐藤くんは積極的に発言し、皆をまとめるリーダーとしての能力を発揮していきました。そして、このプロジェクトのトップ、「生徒総括リーダー」に選ばれたのです。

リーダーの佐藤くんの下には、話し合いで四つの班を設けることになりました。パリのイベントの内容を決める「シナリオ班」、対外的なPRやSNSで広報する「コミュニケーションPR班」、企業と折衝し予算確保に動く「産官学連携班」、活動の模様を映像で記録する「セルフドキュメンタリー班」。この四つの班ごとにリーダーが決められ、それぞれが責任を持って運営することを誓ったのです。

しかし、全員のやる気を引き出し、まとめていくのは容易ではありませんでした。佐藤くんは、当時をこう振り返ります。

「一番難しかったのは、メンバー間の温度感が違いすぎていたため、全員をある程度のモチベーションに高めていくことでした。最初は全員が『パリに向けて頑張るんだ』と思っていましたが、震災で親を亡くした人もいれば、部活をやりたかったり、恋愛したりなど、それぞれに優先順位が違っていましたから、皆に同じ方向を向いてもらうにはどうしたらいいのか悩みました」

佐藤くんは頻繁にメールや電話で直接話し、ありとあらゆる方法でメンバーたちとの意思の疎通を図りました。情熱を失いつつあった仲間を励ましながら、パリで何を行うのか、具体的な内容を詰めていったのです。そんな佐藤くんの「生徒総括リーダー」としての苦労が報われる瞬間がやってきました。

平成二十五年八月六日、東京・渋谷区の国立オリンピック記念青少年総合センターで開かれた「ＯＥＣＤ東北スクール」の取り組み発表会に、両陛下がお越しになられたのです。出席されたきっかけは、メンバーの一人が雅子さまに送った一通の手紙。「私たちの活動を見ていただきたい」という思いを切々と綴った内容でした。

若い世代の真摯な活動に、雅子さまは応えようと思われたのでしょう。両陛下がお越しになると聞いて、佐藤くんは驚きました。

「陛下と雅子さまがお越しになると聞いたのは、発表会の前日でした。お二人が来てくださるなんて夢のようで、僕はリーダーですので責任も重大です。テレビ撮影も入ることになって、もはや緊張というより、やるべきことを精一杯やるしかないと思いました」

フランス・パリでのイベントの一年前とあって、この発表会では、どのようなことを行うのか具体的な取り組みを発表しました。開催費用も自分たちで集めるため、興味を示してくれた企業の人たちの心を摑み、協力を得る大事な機会でもあったのです。

リーダーの佐藤くんは、メンバーの皆と議論を重ねてきた内容を、壇上で精一杯説明。陛下と雅子さまも、熱心に耳を傾けてくださいました。

発表会の後、両陛下と懇談の時間が設けられ、順番にお話をすることになり、佐藤くんは当然トップバッターです。お二人が目の前にいらっしゃった時、佐藤くんの心臓は大きく高鳴りました。

「リーダーの佐藤陸です。東北の私たちが頑張っていかなくてはならないという思いを持って、取り組んでいきます」

なんとか、元気よく挨拶することができました。すると陛下は、「素晴らしいプレゼンでしたよ」とおっしゃり、雅子さまはにこやかに微笑んで頷かれたと言います。

トップバッターとしての大役を無事に果たしたことで、佐藤くんはほっとしていました。ところが、隣にいた宮城県気仙沼《けせんぬま》の女生徒に雅子さまが、「気仙沼のホヤが美味しいですよね」と話しかけていらっしゃった次の瞬間、佐藤くんに予想外の出来事が。

なんと、雅子さまが、突然、佐藤くんのほうにくるりと振り返って、「ホヤを食べたことがありますか?」と質問されたのです。慌てた佐藤くんは、「はい、食べたことがあります」と素直に答えるしかありませんでした。雅子さまは佐藤くんの言葉を受けて、にっこりと微笑んでくれました。

「最初は失礼がないようにとガチガチに構えていましたが、両陛下が気さくに話しかけてくださったので、心から安心しました。一人ひとりと会話される雅子さまは、とてもフレンドリーな方でいらっしゃるのだなと感じました」

しかし、両陛下との出会いは、佐藤くんにとって大きなプレッシャーでもありました。「もう戻れない。これほどの方々を巻き込んだのだから、ここでポシャることはできない」と覚悟を決めたのが、実はこの日のことでした。それまでやる気はありましたが、正直、形だけできればいいだろうという甘えがあったように思います。だから両陛下とお話しさせていただいて、何が何でも成功させなければならないと決心しました」

佐藤くんのリーダーシップは、その後もいかんなく発揮されていきました。メンバーとの意見の衝突、受験を控えて活動を辞める仲間、人間関係の軋轢など、乗り越えなくてはならない問題が山積していましたが、佐藤くんの心は揺るぎないものとなっていったのです。

佐藤くんたちの「OECD東北スクール」プロジェクトは、「東北復幸祭〈環WA〉in PARIS」と名づけられ、平成二十六年八月三十日〜三十一日の二日間、エッフェル塔の下に広がる、シャン・ド・マルス公園を会場として開かれました。

会場には、津波の高さまでバルーンが上げられ、東北特産の果実を使って開発したゼリーを販売するブースもありました。ステージでは福島第一原発の近くに家がある女生徒が震災発生当時の模様を語り、伝統芸能の鹿子躍《ししおどり》などが紹介されました。ここまでこぎつけるまで多くの紆余曲折があり、佐藤くんにとっても本当に成功するのか、大きな不安を抱えての開催でした。

しかし、蓋を開けてみれば、二日間で来場者の数はのべ十四万九千六百六十四人。無謀とも思われた目標の十五万人がほぼ達成されたのです。つまりイベントはフランスの人たちに受け入れられ、大成功したのでした。

年が明けた平成二十七年二月三日、佐藤くんら五名の主だったメンバーが、パリの「東北復幸祭」の成功を報告するため、東宮御所に招かれました。

「パリの東北復幸祭の報告書をお送りしますと宮内庁に伝えたら、ぜひ東宮御所にお越しくださいと言われて、説明に伺うことになったんです。まさかもう一度、両陛下にお会いできるとは思ってもみませんでした」

東宮御所に到着すると、侍従の方に広い応接間に案内され、しばらく待っていると両陛下がにこやかにお越しになりました。

「お久しぶりですね。また会えるのを楽しみにしていましたよ」

と懐かしそうに陛下が話され、お隣で雅子さまも、一人ひとりの顔を見つめながら笑顔で接してくれました。佐藤くんは改めて、「生徒総括リーダーの佐藤陸です」と自己紹介し、他のメンバーも役職と名前を告げました。

「じゃあ、座ってお話ししましょうか」

と陛下から促されて懇談が始まったのですが、とても興味深く聞いていただき、当初三

平成27年、両陛下が東宮御所でOECD東北スクール参加生徒代表らとご接見。陛下の左が佐藤くん。(提供＝宮内庁)

十分の予定だったにもかかわらず、五十分近くに延長となりました。

佐藤くんは、イベントの実行までにいろんな苦労があったものの、メンバー全員の協力によって、望外の成功を収めたことを報告しました。すると、時折頷きながらじっと聞いていた雅子さまが、こう話されたのです。

「佐藤さんは、リーダーとして非常に細やかな対応をされたんですね」

その言葉を聞いた時、佐藤くんは自分がやってきたことを認めてもらえた気がして、天にも舞い上がるほど嬉しかったと言います。

テーブルには、紅茶とクッキー、チーズケーキが出されていたのですが、メンバーたちは緊張して手をつけることができませんでした。すると陛下と雅子さまから、「どうぞ召し上がってください」「さあ、遠慮せずに」と促していただいたとか。それでも手をつけられずにいたメンバーをご覧になって、陛下が優しい気配りを見せたのです。

「じゃ、私から食べますから」

とメンバーたちが気軽に食べられるように、自らチーズケーキを手に取り、召し上がられたのでした。ところが、うっかり陛下がケーキの欠片《かけら》を落としてしまいました。

そんなご様子を見た雅子さまが、お隣で「あら……」と言ってくすりと笑顔を見せ、陛下も自らのちょっとした失敗に苦笑いされていらっしゃったお姿がほのぼのとして、その場にいた全員の心が和んだと言います。陛下も雅子さまも楽しそうに笑っていらっしゃったので、皆も声をあげて笑うことができたとか。

「雲の上の方だと思っていましたが、失礼ながら、こんなにもお茶目なところがあるというか、人間らしい面があるんだなぁと思いました」

そして、招かれたメンバーの中で、唯一、高校三年生だった佐藤くんは、両陛下から卒業後の進路について質問され、こう答えました。

「パリでのイベントでいろんな国の人々と出会ったことで、もっと世界を知りたいと思いました。実はアメリカに留学するつもりです。四年間アメリカで頑張ってきたいと思います」

雅子さまはアメリカ・ハーバード大学に留学されていたこともあり、佐藤くんのこの言葉にとても興味を持ってくださいました。

「そうですか。体に気をつけて頑張ってくださいね」

雅子さまからいただいたこの言葉は、佐藤くんの心にずっしりと響きました。当初は雅子さまの優しいお気持ちから出たお言葉だと思っていた佐藤くんでしたが、留学後、その言葉の深い意味を知ることになったのです。

「単身でアメリカに留学して、言葉の壁や生活習慣の違いなどがあって、本当に大変でした。しかも遊んでいる暇がないほど、勉強しないと追いついていけません。だからこそ体が資本なのだと痛感しました。雅子さまご自身も留学中、苦労されたことがあったと思うので、実際に体験された方がそういった言葉をかけてくださるのは、大きな意味が込められていたのだと感じました」

佐藤くんが東宮御所へ報告に訪れたこの年の秋、両陛下は東日本大震災からの復興状況を視察するため、福島県を訪問されました。この時のことを、雅子さまはこう綴られています。

「十月には皇太子殿下とご一緒に福島県を訪問いたしましたが、今なお故郷を離れて避難生活を余儀なくされている多くの方々がおられ、また、風評被害もある中で、震災前よりも一層輝く福島県にしたい、将来ふるさとに戻って地域のために貢献したい、という前向きな気持ちにあふれた高校生の言葉に接し、嬉しく、また心強く思いました。（中略）被災地の復興はまだ道半ばですが、被災地の方々に安心して暮らせる日々が一日も早く戻ってくることを心から願いつつ、これからも皇太子殿下とご一緒に、被災地の復興に永く心

を寄せていきたいと思います」（平成二十七年、雅子さまお誕生日に際してのご感想より）

平成二十八年の歌会始では、雅子さまは福島県の若者たちの姿をこのようなお歌に詠まれました。

「ふるさとの　復興願ひて　語りあふ　若人たちの　まなざしは澄む」

両陛下と再会後、佐藤くんはカリフォルニア州内のコミュニティカレッジを経て、カリフォルニア大学バークレー校に留学し、令和二年四月から、東京にある外資系のコンサルティング会社に就職。社会人としての一歩を踏み出します。そんな佐藤くんの人生にとって、雅子さまはどのような存在なのか聞いてみたところ、こんな答えが返ってきました。

「私たちはパリのイベントまで、針路も定まらない船に乗り、嵐のような不安な海を突き進んでいたような気がします。そんな中で、雅子さまは私たちを温かく迎えてくれて、本当に大きな勇気を与えていただきました。私たちにとって雅子さまは、救いの女神であり、聖母のようなイメージしかありません」

頑張る東北の若者たちを応援してくださる存在だったと振り返る、佐藤くん。「ＯＥＣ

D東北スクール」に参加した約百人の中高生にとって、雅子さまは何にも代えがたい、心の拠り所となっていたのでしょう。

赤十字の献身的活動に触れて

――齋藤博則（岡山赤十字病院　医療社会事業部部長）

齋藤博則（さいとう　ひろのり）
昭和四十年、東京都生まれ。東京慈恵会医科大学医学部卒業。岡山赤十字病院 医療社会事業部部長。専門は災害医療、循環器医療、心肺蘇生普及活動、心臓リハビリテーション。東日本大震災で災害医療を経験し、現在は赤十字の救護活動と日本ＤＭＡＴ隊員として活動。平時から日本赤十字社岡山県支部との合同訓練や救護活動を通じて、後進の育成をしている。

平成三十年五月十六日、明治神宮会館で開催された全国赤十字大会。この大会は日頃、赤十字の活動を献身的に支援する赤十字ボランティアの方や個人、法人に感謝の気持ちを伝え、さらなる赤十字事業の普及を目指して毎年開催しています。

実は、この大会が当時の皇后陛下・美智子さまにとって、名誉総裁としての最後のお仕事であり、お代替わりに伴って翌年からその職務を雅子さまに譲られるだろうと思われていました。大会が終了に近づいた時、美智子さまは退場する際、次の名誉総裁となる雅子さまをそっと隣に招かれました。

そして会場に集う日本赤十字社関係の人々に、雅子さまを紹介するような素振りをして微笑まれたのです。この予想外のサプライズに、会場内は盛大な拍手に包まれました。それはまるで「来年からは、雅子のことをよろしく」と、おっしゃるかのようでした。

この時のことを、雅子さまはご感想として綴られています。
「皇后陛下には、十月のお誕生日に際しましての宮内記者会からの質問へのご回答の中で、『これから皇太子と皇太子妃が築いてゆく新しい御代の安泰を祈り続けていきたいと思います。』と仰って下さいました。温かい思し召しに心から感謝申し上げます。（中略）今年五月には、十五年ぶりに出席が叶いました全国赤十字大会で皇后陛下とご一緒させていただき、その折にも温かいお心遣いをいただきました」（平成三十年、雅子さまのお誕生日に際してのご感想）
全国赤十字大会でのこのお心遣いによって、雅子さまは美智子さまの思いを胸にしっかり刻み、次の時代の皇后として立派に務めを果たしていこうと、誓われたのではないでしょうか。
皇后の務めは、皇室典範などの法律で規定されてはいませんが、歴代の皇后が行ってきたことを慣習として代々受け継いできました。よく知られているのは、五世紀頃、日本書紀に「雄略《ゆうりやく》天皇が皇后に蚕を飼うようにすすめた」と記述がある養蚕です。そして、もうひとつが、世界百九十一か国が加盟し、紛争や災害などの被害を受けた人々を人道的に支援する、赤十字の活動です。日本赤十字社の活動は、皇后をはじめとする皇室の庇護のもとに発展してきたと言っても過言ではありません。

明治天皇の妃・昭憲《しょうけん》皇太后が、日本赤十字社の前身である博愛社を支援し、その発展に尽力してきました。昭憲皇太后の思いは、大正天皇の妃・貞明《ていめい》皇后、昭和天皇の妃・香淳皇后へと受け継がれたのです。戦後、皇后が日本赤十字社の名誉総裁を務めることになり、そのお立場が香淳皇后、平成の皇后・美智子さま、そして令和の皇后・雅子さまへと引き継がれてきました。

令和となって最初の全国赤十字大会は、五月二十二日、東京都渋谷区の明治神宮会館で開催されました。皇后となられた雅子さまは、日本赤十字社の名誉総裁に就任され、名誉副総裁である皇嗣妃・紀子さま、常陸宮《ひたちのみや》妃・華子さま、寛仁親王《ともひとしんのう》妃・信子さま、高円宮《たかまどのみや》妃・久子さまとともに出席されました。

雅子さまは皇后として単独での公務は、この大会が初めてでしたが、全国から集まった会員（社員）やボランティアの代表約千九百人の視線を一身に集める中、微笑みをたたえて颯爽と入場されたのです。

この日、献身的な医療活動が高く評価され、雅子さまの前で活動報告をしたのが、平成三十年七月、九州や西日本一帯を襲った豪雨災害で救護活動を行った、岡山赤十字病院の齋藤博則医師でした。

齋藤医師は、西日本豪雨で四つの河川が決壊し、濁流によって一晩のうちに多くの命が奪われた岡山県倉敷市真備町地区の避難所へ、赤十字救護班先遣隊として真っ先に駆けつけました。自治体と連絡をとりつつ、被災者の健康状態の把握や、当面必要となる薬品・医療品や衛生状態の確認などを行うため、避難所を巡回しました。発災直後は情報も錯綜して混乱した状況にありましたが、齋藤医師の冷静な分析と判断によって、後の医療救護活動がスムーズに進行していったのです。岡山赤十字病院の医師や看護師などを含む日赤の救護班二百九十七名が連日日替わりで対応し、切れ目のない救護班派遣によって、多くの被災者が救われたのでした。

赤十字救護班としての仕事は、病院の医療業務外のイレギュラーな活動です。地震や台風、豪雨災害などが起きると、まず県内の赤十字病院のメンバーが派遣され、人員が足りない場合は全国の赤十字救護班が応援に駆けつけます。

いついかなる場所で災害が起きても対応できるよう、事前に月ごとの派遣チームが決められており、たとえ今この瞬間に突然の災害が起きたとしても、迅速に対応できるよう体制が整えられているのです。赤十字救護班は医師と看護師、事務職員ら六人編成を基本としています。災害が起きると被災地にすぐに駆けつけ、必要な医療環境を整えると同時に、救護活動を行っています。

こうした赤十字救護班の業務について、令和元年の全国赤十字大会では、齋藤医師が実践活動報告として雅子さまの前で話しました。

その時の雅子さまのご様子を、齋藤医師は――。

「発表しながら、雅子さまが頷いて聞いていらっしゃる姿が視界に入りました。雅子さまは発表している私のすぐ左側に座られており、真剣に耳を傾けてくださっているご様子が感じられました」

齋藤医師によれば、この時、雅子さまが共感するように深く頷いてくださった瞬間が、二回あったと言います。

「一回は、災害が起きる三か月前に行った救護班研修の写真を用いて、災害はいつ起きるか分からないので、日頃から訓練して準備することが必要だという話をした時でした。『平穏な時期の準備がいかに大切かを実感しました』と話した時、雅子さまはその言葉に納得されたかのように、深く頷いていらっしゃいました」

次に頷かれたのは、支援活動を支えてくれるボランティアの人々について触れた時でし

令和元年、全国赤十字大会で活動報告をお聞きになる雅子さま。
発表者は齋藤医師。(提供＝日本赤十字社)

た。活動に参加している人は、病院で働いている人たちの数より、ボランティアの人たちのほうが十倍以上にのぼり、重要な支援の役割を果たしていたと言います。

齋藤医師が「ボランティアの協力なくして、救護班活動は成り立ちません」と話した際も、雅子さまは言葉を嚙み締めるように「うん、うん」と、頷いていらっしゃったそうです。

「雅子さまが頷いてくださった二つは、私が発表の中で最も伝えたかったことでした。話しながらも『雅子さまが一生懸命に聞いてくださっている』と感じました。被災地に心を寄せることは、ご自分のお務めのひとつだと考えていらっしゃることが伝わってきました」

と、当時の様子を振り返って、齋藤医師は話します。発表の時間はわずか六〜七分程度でしたが、齋藤医師にとって生涯忘れることのない経験となりました。

これまで雅子さまは文書回答などを通じ、被災地で救助・救援活動する人々の重要性に触れてこられました。

平成七年、阪神・淡路大震災が起きた時、陛下と雅子さまは現地をお見舞いされました。その年の雅子さまの文書回答には、被災地の現場で活動するボランティアの皆さんの、ひたむきな姿に心を打たれたことが綴られていました。

「阪神・淡路大震災の被災地では、被災された方々が互いに励まし合い、助け合いながら大きな困難を乗り越えていこうとされる姿、そして、ボランティアの方たちや海外からの援助を含め、被災地の救援・復興のために尽くそうとされる多くの人々の善意を知り、強く感銘を受けました」（平成七年、雅子さまお誕生日に際しての文書回答より）

翌年にも、雅子さまは記者会見で、被災地を訪れた際、目にした光景に繰り返し触れられました。

「昨年の二月、三月に大震災の被災地域を訪れましたが、その折に、生活のほとんどすべてを破壊されて、中にはご家族や友人を失われた被災者の方たちというのが大勢いらっしゃいましたけれども、そういう方たちが皆さんで力を合わせてその困難に立ち向かって前向きに生きていこうとしておられる姿ですとか、それからその時にもボランティアを含め多くの方がそういった被災者の方たちを励まして、そして支援していこうとしておられるそういう善意と、献身的な姿というものに触れたことがとても深く心に残りました」（平成八年、雅子さまお誕生日に際しての記者会見より）

齋藤医師の発表をお聞きになった雅子さまは、自ら被災地をお見舞いされた時に目にした、救護や復興に力を尽くす人々の姿を思い起こしていらっしゃったのかもしれません。

大会終了後、皇室の方々がお帰りになる際、齋藤医師は他の発表者と並んでお見送りをしました。見れば齋藤医師のすぐ側に雅子さまがいらっしゃるではありませんか。しかも齋藤医師のもとに近づいてこられたのです。

齋藤医師が挨拶をすると、雅子さまは少し緊張されている表情でこのように話されました。

「大変でしたね。体調は大丈夫ですか？」

と災害に立ち会ったことについて、労いの言葉をかけてくださったのです。同時に齋藤医師とともに活動してきた仲間たちの存在も、気遣ってくださっていることが伝わってきたと言います。

「被災者の方たちはどうされていますか？　被災地の復興はどういう状況ですか？」

「なかなか復興には時間がかかりそうな状況です」

「そうなのですね。被災地が復興できるよう体調に気をつけて、引き続きご尽力なさってください」

雅子さまはその後の復興の状況にも触れられ、ずっと被災地に思いを寄せてくださっていることに、齋藤医師は大きな感激を味わいました。そして、雅子さまの素朴で温かい、素直なお気持ちも感じたと言います。

「雅子さまは、会場では終始、ニコニコされていらっしゃいましたが、いざ一対一で話す時には少し緊張した面持ちになられていました。誰でもそうですが、最初の一言を話しかける時に勇気が必要なものです。雅子さまも同じなのだと思い、親近感が湧きました」

実はこの大会の前日、岡山県は再び大雨に見舞われ、齋藤医師の脳裏に一年前の悪夢が蘇っていました。災害は予期しない時に起きるものですが、その時に即応できなければ効果的な救護活動は不可能です。そうならないように齋藤医師のもとには、三百六十五日、二十四時間、どこにいてもスマホで出動要請が入ってきます。

毎日気が抜けず、ちょっとした雨や地震でも、また大きな災害になるのではないかと緊張感が走るそうです。そのことを齋藤医師は、雅子さまとの会話で話題にしました。

「地球温暖化の影響か分かりませんが、全国どこでも大雨や台風が発生していて、昨日のように地元の岡山県に大雨の予報が出ると、また豪雨になるのではないかと気がかりなんです。こういったことは今後も増える可能性が高いと考えています」

と話すと、雅子さまは、

「大変ですね。やはり地球温暖化の影響なのでしょうか。日頃の訓練と連携が大切なんですね」

と話されました。雅子さまのそのお言葉に、齋藤医師は救われた思いがしたと言います。

「私は医療救護活動に携わり、日頃から地道に淡々と練習してきましたが、災害派遣経験は少なく、自分の中では自慢できるものは何もありませんでした。でも、西日本豪雨災害で訓練してきたことが現実になり、これまでの積み重ねがあったからこそ、初動を早期に行うことができたのだと感じました」

そして被災地の支援には、街頭で義援金を集めたり、被災地で片づけをしたりなど、活動を行うボランティアの人たちの力も大きいと、齋藤医師は実感していました。雅子さまは齋藤医師との会話を通じて、そんな「日頃の訓練と連携の大切さ」をしっかり受け止め、ご理解くださったのです。

その日の夕方、各テレビ局のニュースで「令和初の全国赤十字大会」の模様が報じられました。齋藤医師のもとには、「テレビで見た」と大勢の知人から続々とメールが入りました。その反応の大きさに、齋藤医師は驚いたと言います。

「大会が終わった後、知り合いから引っ切りなしに連絡が届き、改めて雅子さまの前で発表させていただき、なおかつ直接お話ししたことは、凄いことだったんだと分かりました」

会場にはもう一人、齋藤医師の活動報告に、熱心に耳を傾ける人がいました。

齋藤医師のお母さまです。実はこの大会のおよそ一か月前、東京にある齋藤医師の実家がもらい火で焼失。幸いなことに怪我などはありませんでしたが、お父さまが亡くなったばかりで、一人暮らしのお母さまはとても気落ちしたそうです。そんなお母さまに、少しでも喜んでもらおうと大会に招待したのでした。

「火事になって落ち込んでいる母親に、元気を取り戻すことができずして、なんで他の人たちを救えるのか。そう思うと、弱っている母を勇気づけたいという気持ちが湧いてきました」

全国赤十字大会の日、齋藤医師とともに会場入りしたお母さまは、壇上でわが息子が発表する姿を見て、心から喜んでくれたそうです。

災害の救護活動と実家の火事、さらに全国赤十字大会での、雅子さまをはじめとする皇室の方々とのご対面は、齋藤医師にとって驚きの連続だったとか。

「この日の夜、私は母と弟とテーブルを囲み、『平成から令和にかけて、なんてドラマティックな出来事があったのだろう。本当にお疲れさまでした』と話し、食事をしながら、感動と火災の心労が混ざった複雑な気持ちでお互いを労い合いました」

振り返れば、平成三十年は大阪北部での地震、西日本を中心とした集中豪雨、台風二十一号による被害、北海道胆振《たんぶり》東部地震など災害が多い年でした。

災害時の救護支援活動は、必要不可欠なライフラインです。齋藤医師は、今回の全国赤十字大会に参加したことで、雅子さまから大きな後押しを受けたと感じているようです。

「医療救護班という任務は、改めて責任重大だなと思いました。雅子さまからお言葉をいただいたことで、私も経験のある先輩方に恥じないように、立派にやり遂げなくてはならないという意識が芽生えました。皇室の方々から評価されることは、赤十字の活動に携わっている人々のやる気に繋がっていると思います。それは私だけではない気がします」

齋藤医師が所属する赤十字救護班の活動とその経験は、災害のたびに大いに生かされていくことでしょう。


日本赤十字社名誉総裁の務めは、「全国赤十字大会」の他にも、「フローレンス・ナイチンゲール記章授与式」へのご臨席があります。

同記章は、傷病者看護の向上に貢献し、人道博愛精神の昂揚に尽くしたナイチンゲールの功績を記念して創設され、看護活動に顕著な功労のある人を顕彰しています。ナイチンゲールの生誕百周年を記念して大正九年に初の受章者が決定し、翌年、第一回の授与式が行われました。第二回以降は、原則隔年で行われています。

記章受章者は「赤十字国際委員会（ＩＣＲＣ）ナイチンゲール記章選考委員会（スイス・ジュネーブ）」から発表され、令和元年には世界十八の国と地域から二十九名が受章。日本からは、国内外の災害救護活動が評価された竹下喜久子さんと、がん患者への訪問看護を行う秋山正子さんが受章しました。

この受章により、世界の受章者総数は千五百十七人となり、日本からの受章者は百十名となりました。

令和元年八月七日、雅子さまはフローレンス・ナイチンゲール記章授与式に出席され、竹下さんと秋山さん二人の受章者それぞれの左胸に、燭《ともしび》を手にするナイチンゲールの像が描かれた記章を丁寧につけられました。記章の裏面には、受章者の名前とともに、ラテン語で「博愛の功徳を顕揚し、これを永遠に世界に伝える」と刻まれています。

皇后というお立場になり、初めて出席された「全国赤十字大会」と「フローレンス・ナイチンゲール記章授与式」。そこに集う、医療・看護関係者の献身の心に触れた雅子さまは、どのような思いを抱かれたのでしょう。

思い出されるのは、美智子さまが常日頃から語られていた、「皇室は祈りでありたい」とのお言葉です。弱く小さな子ども、苦難の日々を過ごしている人々、理不尽な災害に見舞われた家族……そんな人々に心を寄せ続けることを、「祈り」と呼んでいらっしゃったのではないでしょうか。

雅子さまも、美智子さまのお考えを受け継がれ、日本赤十字社の名誉総裁という責任あるお立場を真摯に全うされようとしています。

雅子さまは平成三十年のお誕生日に際してのご感想で、翌年に皇后になられる心境をこのように綴られました。

「二十六年近く前に皇太子殿下との結婚が決まりました時から、天皇皇后両陛下には、私を温かく迎え入れてくださり、今日まで変わることなく、広いお心でお導き、お見守りくださいましたことに、心から感謝申し上げております。これまで私がご一緒させていただいてまいりましたこの二十五年余りの日々を振り返りつつ、両陛下が、大きな責任を担われながら、どれ程深く国民の幸せや国の安寧を願われ、お力を尽くしていらっしゃったかということを改めて思い、敬意と感謝の気持ちで一杯になります。この先の日々に思いを馳せますと、私がどれ程のお役に立てますのか心許ない気持ちも致しますが、これまで両陛下のなさりようをお側で拝見させていただくことができました幸せを心の糧としながら、これからも両陛下のお導きを仰ぎつつ、少しでも皇太子殿下のお力になれますよう、そして国民の幸せのために力を尽くしていくことができますよう、研鑽を積みながら努めてまいりたいと思っております」（平成三十年、雅子さまお誕生日に際してのご感想より）

令和の時代も天皇陛下と雅子さまは人々に心を寄せ、「令和流」の「祈り」を実践していかれるのではないでしょうか。

あとがき

本書の「まえがき」でも書いたように、令和が始まってから雅子さまに寄せる世の中の雰囲気は、とても肯定的になっているように感じます。体調を崩されてから長い沈黙の時が続いていると報じられていましたが、私は今回の取材を通して、雅子さまは黙して語られなかったわけではないと確信しています。公務で拝見する機会は多くはなかったものの、お誕生日などの様々な節目で発表される文書回答には、皇室の一員としての重い責任を全うしようとする、雅子さまの誠実でひたむきなお考えが述べられていました。

そして、皇后となられてからの雅子さまは、惚れぼれするほど凜とした存在感にあふれており、国民の誰もが新たな時代の希望を感じとったのではないでしょうか。まさに今まで知らなかった、本当の雅子さまを再発見した瞬間だったと私は思います。そこに現れたお姿は、日本人としての矜持を抱きつつ、国際人としての教養とプロトコールを完璧に身につけた、麗しき大和なでしこの理想像でした。

こうした雅子さまのお姿は、一体、どこで誰の影響を受け、育まれていったのでしょうか。そのひとつの回答を握っているのではと思われる人物として、当初から取材をお願いしたいと思っていたのが、ハーバード大学客員教授を務めていた、書家の小川東洲《とうしゅう》さんでした。

私は雅子さまの、あの皇后としての佇まいの根源が、ハーバード大学時代にあるのではと考えました。小川さんから書の世界を通して、日本文化とその神髄、日本女性としてあるべき姿を、あえて異国の地で追い求められたのではないかと思ったのです。

早速、連絡先を調べ、小川さんに取材を申し込みました。しかし、その願いはむなしく、「九十一歳と高齢で、取材などは一切お断り申し上げておりますから……」と、丁寧なお断りの手紙が返ってきました。お会いできないのは残念でしたが、その後も何度かやり取りをさせていただきながら、本書の取材と執筆の日々を過ごしていました。

そうしているうち四か月が過ぎた、ある日のこと。幸運にも小川さんから時間をいただけるとの連絡が入ったのです。

当日、心躍らせつつ、約束の場所に向かいました。小川さんは九十一歳とはとても思えないほどかくしゃくとされ、握手をしたその手には力強さを感じるほどでした。耳が遠くていらっしゃるため私からの質問はメモ書きし、それに答えていただく方法をとりました。

小川さんがハーバード大学で教鞭を取るきっかけを作ったのは、東洋史の研究者で、駐日アメリカ大使だった、ライシャワーさんでした。ライシャワーさんの発案によってハーバード大学で書の講座を開くことになり、日本から招かれたのが小川さんだったのです。

当時、小川さんがライシャワー邸に行き、どんな内容の講義にしようか、事前に打ち合わせた時のことでした。ライシャワーさんの妻であるハル夫人から、こんな話を聞いたそうです。

「小和田大使には、雅子さんという聡明なお嬢さんがいらっしゃるのですよ」

ハル夫人は、小和田雅子さんについて、そう話しました。この時はまだ小川さんは雅子さまと面識がありませんでしたが、ハーバード大学のキャンパスで初めてお会いした時、「聞いていた通り、聡明な方だ」と納得したそうです。雅子さまのそんな印象は、ご両親のもとで大切に育まれたものなのだろうと小川さんは感じました。交流を深めるにつれ、雅子さまの聡明さは、何事にも努力を怠らない実直な姿勢、濁りなき清麗な心、そして伸びやかな明るさに表れていたと言います。

日本の書には深い精神性と独自の哲学が込められています。ハーバード大学の学生たちはそうした東洋の思想に好奇心をそそられ、多くの学生が小川さんの講義を受けていました。

「ハーバードでは、東洋の美術史として書を教えていました。書とは自分を素直に表しており、その人の生き方そのものです」

と語るように、書には人格が色濃く反映され、それが書の芸術性を高めているというのが、小川さんの哲学です。単に上手く書ければいいのではなく、自分の心を洗うような気持ちで、あるがままの姿を表しながら身につけていくものだと話してくれました。書の世界は、当時の雅子さまにどのように映ったのでしょうか。

ハーバード大学時代、雅子さまにはたくさんのお友達がいて、いつも全員に細やかに気を配り、「和」を大切にされていたそうです。

小川さんからそのお話を聞き、私もまた腑に落ちるところがありました。今回、取材した雅子さまの実像を知る方々に共通する印象も、やはり「和の心」。そんな雅子さまのお姿を皆さん異口同音に語ってくれました。海外生活が長かっただけに、日本人の根幹ともいえる「和の心」を、雅子さまご自身も意識してこられたのでしょう。

「和」とは、人の和、家族の和、調和のとれた心の様を意味しています。そして「令和」の和でもあります。

そこに込められているのは、「世界が調和と平和に満たされる」というメッセージ。令和は雅子さまが追い求めてこられた、「和の心」を世界に発信する新たな時代でもあったのです。

最後になりましたが、監修いただいた皇室ジャーナリストの山下晋司さん、出版に際して河出書房新社の太田美穂さん、テレビ東京『皇室の窓』の制作スタッフに心より感謝申し上げます。

令和二年一月

つげのり子

参考文献

『テムズとともに　英国の二年間』徳仁親王著（学習院総務部広報課　一九九三年）
『平成の皇室事典』清水一郎・畠山和久監修（毎日新聞社　一九九五年）
『皇太子殿下と雅子さま「結婚の儀」から武蔵野陵参拝まで』毎日新聞社編（毎日新聞社　一九九三年）
『美智子皇后と雅子妃　新たなる旅立ち』渡辺みどり著（講談社　一九九三年）
『雅子妃の新しい皇室づくり』松崎敏弥著（講談社　二〇〇一年）
『皇后考』原武史著（講談社　二〇一五年）
『新天皇家の自画像　記者会見全記録』薗部英一編（文藝春秋　一九八九年）
『番記者が見た新天皇の素顔』井上茂男著（中央公論新社　二〇一九年）
『新装版小和田家の歴史　皇后雅子さまのご実家』川口素生著（ＫＡＤＯＫＡＷＡ　二〇一九年）
『皇太子殿下と雅子さま　写真でつづる皇太子ご夫妻の全記録』（メディアックス　二〇一九年）
『心豊かなお子さまに　東宮家の愛の子育て』松崎敏彌著（たちばな出版　二〇〇四年）
『初めての妊娠』堤治監修（ＳＳコミュニケーションズ　一九九七年）
『知って安心　初めての妊娠・出産』堤治監修（赤ちゃんとママ社　二〇一六年）
『くにこｉｓｍ』猪口邦子著（西村書店　二〇〇七年）
『わたしの病院、犬がくるの』大塚敦子　写真・文　細谷亮太監修（岩崎書店　二〇〇九年）

つげのり子（つげ　のりこ）
一九七一年、香川県生まれ。東京女子大学卒業。放送作家として、テレビのワイドショーから政治経済番組、ラジオ番組まで、幅広いジャンルを手がける。二〇〇一年の愛子さまご誕生以来、テレビ東京・BSテレ東の皇室番組『皇室の窓』の構成を担当。日本放送作家協会、日本脚本家連盟会員。著書として『フィレンツェ　愛の彷徨』（大創出版）、『女帝のいた時代』（自由国民社）、『素顔の美智子さま　11人が語る知られざるエピソード』（河出書房新社）など。構成として、『天皇陛下のプロポーズ』（織田和雄著　小学館）がある。

素顔の雅子さま
11人が語る知られざるエピソード

二〇二〇年一月二〇日　初版印刷
二〇二〇年一月三〇日　初版発行

著　者　つげのり子
監　修　山下晋司
装　幀　坂川栄治＋鳴田小夜子（坂川事務所）
発行者　小野寺優
発行所　株式会社河出書房新社
〒一五一-〇〇五一
東京都渋谷区千駄ヶ谷二-三二-二
電話　〇三-三四〇四-一二〇一（営業）
〇三-三四〇四-八六一一（編集）
http://www.kawade.co.jp/

組　版　KAWADE DTP WORKS
印刷・製本　図書印刷株式会社

Printed in Japan　ISBN978-4-309-02856-9

河出書房新社の本

素顔の美智子さま

11人が語る知られざるエピソード

つげのり子

愛と慈しみの象徴、上皇后美智子さまの実像！

国民の心に寄り添い、平和と幸福を祈り続けた60年。美智子さまと交流してきた様々な分野の11人に綿密な取材を行い、その素顔とお人柄にせまる。凛とした美しさと魅力にあふれる一冊。